中华学人丛书

完整的天下经验

宋辽夏金元之间的互动

◎ 韦 兵 著

北京师范大学出版集团
BEIJING NORMAL UNIVERSITY PUBLISHING GROUP
北京师范大学出版社

目　录

个人　地域　战争

绪论　完整的中国经验：多元一体的夷夏阴阳互动

断裂与分化大概是文明发展的常态，连续的"广土众民"的中国，不符合文明发展的一般规律。中国何以会背离常态，能够成为连续的"广土众民"的中国呢？这一问题，我们姑且称之为"中国之谜"。我们从西方引入的一些现成概念和理论，在回答这个问题上显得缺乏说服力。我们希望从本土经验中来寻求答案，寻求更有解释力的说法。我们认为中国连续性的"广土众民"，在很大程度上与天下观念的兼容性，以及实践中的"弹性"密切相关，这是一套独特的中国经验。[①]

古代中国从狭义上讲是指华夏世界，广义上是指包含夷夏二维的天下。作为一个现代国家的中国，其疆域与族群和广义的中国联系更密切。我们这里讨论的是其广义，而不少关于古代中国的表述

[①]　关于这个问题可参考［美］拉铁摩尔：《中国的亚洲内陆边疆》，唐晓峰译，南京，江苏人民出版社，2008；葛兆光：《宅兹中国：重建有关"中国"的历史论述》，北京，中华书局，2011；杜正胜：《中国古代社会多元性与一统化的激荡——特从政治与文化的交涉论》，载《新史学》，第 11 卷，第 2 期，2000；［日］渡边信一郎：《中国古代的王权与天下秩序——从中日比较史的视角出发》，徐冲译，北京，中华书局，2008；姚大力：《谁来决定我们是谁——关于中国民族史研究的三把钥匙》（上、中、下），载《东方早报·上海书评》，2011-03-20、2011-03-27、2011-04-03；王铭铭：《超越"新战国"：吴文藻、费孝通的中华民族理论》，北京，生活·读书·新知三联书店，2012。

中，中国与天下确实也是等同的。天下不是简单的"夷狄向慕，万国来朝"，这种以华夏为中心的表述确实是天下观念的一个重要层面，但不是唯一层面，天下观念具有丰富的维度和层次。这些层次中有些是观念层面的，有些是实践层面的，更多是介于二者之间的；同时，天下的维度里面不仅包含华夏的表达，也兼容"夷狄"维度的表达。这就是说，这种兼容表现从夷狄的角度看，天下同样被接受，同样有说服力，同样在实践中有效。不同维度、层次的表达与实践中的认同共同构成了关于天下的完整的中国经验。

从观念上讲，对于夷夏关系，中国人用自己的概念已经讲得很清楚了：夷夏如阴阳，"中国之有夷狄，如昼之有夜，阳之有阴"①。这是中国人独特的思维，这不是一种黑白分明、非此即彼的二元对立，阴阳的微妙之处是既对立又融合，你中有我，我中有你，共生共存，处于永恒的对峙与互动的运动中，也就是一种虚虚实实的"势"。阴阳永远不可能消灭其中一方，夷夏同样是这样，中国也是这种夷夏之间对立、互动、互融的"势"的产物。夷夏二维，缺少任何一方，都不能称其为中国。理解中国的关键就是要从这种双向、动态的"势"去把握。对比西方，罗马人眼里文明与野蛮是黑白分明的对立，不是文明战胜野蛮，就是野蛮消灭文明，二者界限分明，刚性对立，没有中间状态。罗马人没有给蛮族留下生存空间，即使容忍蛮族的存在，也是因为确实暂时还没有力量消灭他们。同样，蛮族对罗马人也一样。一方对另一方的征服就是文明断裂，其结果就是所谓"黑暗时代"。

夷夏如阴阳，相互依存。即使从一向尊大的华夏角度，其实也曲折地认同"夷狄"一维的存在合法性，"夷狄自有盛衰，未必与中国盛衰相当"②，此所谓"夷情"叛服不常，不系中国之盛衰。在这

---

① （宋）范祖禹：《唐鉴》卷三，80 页，上海，上海古籍出版社，1984。

② （宋）晁说之：《元符三年应诏封事》，见《嵩山文集》卷一，四部丛刊续编本。

种表述中，夷狄是另一个系统，他们有自己的天命，自有兴衰规律，和华夏盛衰关系不大。这虽然主要是为王朝边患开脱，认为其无损盛世。但夷人自有法度、夷狄自有兴衰，这样的表述本身就隐含了夷夏二元甚至多元并存，以及夷狄那一套道理的合法性，承认他们自成系统。这种观念和王朝盛世必须声教远被，四夷宾服的"强表达"已经有不同。华夏世界有一套关于天下四夷的"弱表达"，在这种表达中，四夷这一维的主体性无意间被关注：曾布在宋神宗熙宁年间，见朝廷欲灭交趾，他认为，"交人虽海隅尺寸之地，然有国百年，兴衰存亡，必亦自有天数，岂人力所能必？"①曾布是想说明交趾这样的小国存亡自有其规律，不是朝廷一厢情愿就可以实现征服的，更何况西夏这样的强敌。宋初张知白就曾说："夫戎狄者，亦天地之一气耳。"②元符二年（1099），章楶也在讨论对西夏边防时说，"臣闻夷狄，天之一气，从古无灭绝之理"，所以"使中国形势常强，四夷不敢侵侮，乃是治安之策"，而不在于出兵深入。③宋朝士大夫一般承认夷狄一维的合法性，能够理解夷狄自有其天命的道理，他们更熟悉这种"弱表达"。所以，用阴阳来比喻夷夏关系最贴切，古人虽认为阴不好，但也知道阴阳相依而成，阳永远不可能消除阴，就如夷狄是天之一气，没有灭绝的道理。从汉到宋，这种观念基本是儒家的共识，"蛮夷习俗虽殊于礼义之国，然其欲避害就利，爱亲戚，畏死亡，一也"④，"蛮夷之俗不知礼法，与中国诚不同；若其恋父母骨肉，保惜山林、土田、资产，爱生而惧死，

---

① （宋）李焘：《续资治通鉴长编》卷五一七，元符二年十月丙辰条，第 34 册，12301 页，北京，中华书局，1979—1993。以下简称《长编》。

② （宋）张知白：《上真宗论时政》，见（宋）赵汝愚：《宋朝诸臣奏议》卷一四六，1657 页，上海，上海古籍出版社，1999。

③ 《长编》卷五〇五，元符二年春正月丁巳条，第 34 册，12036 页。

④ （汉）班固：《汉书·赵充国传》卷六九，第 9 册，2987 页，北京，中华书局，1962。

其情一"①，边患多为边吏不法侵扰、邀功生事导致的事端。夷夏之间风俗有异而人情相同，"华夷万里，异生不异情"②，从人性的角度理解夷夏之间的相通，这种认识在很大程度上已经把夷夏放在了相对平等的位置。

其实通观历史，除极少数"多欲"的帝王，在具体政治实践中，"弱表达"才是华夏天下世界的主流。唐代史臣在评论隋炀帝发动的一系列对外征服战争时批评他："狭殷、周之制度，尚秦、汉之规摹"，是"思逞无厌之欲"。③"殷、周之制度"与"秦、汉之规摹"之别，大致相当于这里所说关于天下的"弱表达"与"强表达"。宋人对此义理探讨得很深入，批评开疆拓土的"秦、汉之规摹"——"秦皇汉武只为与外域角力，以致中国疲敝，春秋之待夷狄自有道，不徒以力也"④。范祖禹讲得更明白，"彼虽夷狄，亦犹中国之民也，趋利避害，欲生恶死，岂有异于人乎……山川之所限，风气之所移，言语不通，嗜欲不同，得其地不可居，得其民不可使也，列为州县，是崇虚名而受实弊也"，他批评唐太宗，"太宗矜其功能，好大无穷，华夷中外欲其为一，非所以遗后嗣，安中国之道"。⑤"秦汉规摹"强烈的征服欲望是被儒家主流价值观所批判的，是"多欲"的表现。征服与占领的强势表达从来不是天下观念的主流价值，天下的一统更注重华夏世界在象征意义上的正朔、朝贡的实现，而非攻城略地、子女玉帛，这才是阴阳相安的待夷之道。这样，"务安诸

① 《长编》卷四八二，元祐八年三月庚寅条，第32册，11469页。
② （宋）员兴宗：《恤归附劄子》，见《九华集》卷五，收入《宋集珍本丛刊》第56册，215页，北京，线装书局，2004。
③ （唐）魏徵、令狐德棻：《隋书·炀帝纪下》卷四，第1册，95页，北京，中华书局，1973。
④ （宋）家铉翁：《春秋集传详说》卷一八，见《景印文渊阁四库全书》第158册，337页，台北，台湾商务印书馆，1983。
⑤ （宋）范祖禹：《唐鉴》卷三，80～81页。

夏，不事要荒。……不以四夷劳中国，不以无用害有用"①成为对外关系主导政策。即使好大喜功的隋炀帝，当突厥启民可汗上书要求"依大国服饰法用，一同华夏"的华化要求时，也委婉拒绝，"衣服不同，既辨要荒之叙，庶类区别，弥见天地之情"，认为夷夏之别是天地固有之情势，不必强同。② 隋炀帝也不是在所有情况下都选择"强表达"。从舞干戚以服化夷狄的积极进取的"强表达"，到不以夷狄累中华的相对隔绝的"弱表达"，华夏世界的天下里面，夷夏进退的掌控有一个宽泛的度可供选择，这种弹性对中国影响深远，华夏世界可以根据国力情势选用，回旋空间很大。

中国人讲夷夏之辨、夷夏之防，古人使用"辨"与"防"的说法，措辞下得谨慎而准确，强调的是消极性的"区分"，而不是积极性的"消灭"，是在描述一种双方动态的"势"，它更突出双向性、更强调变化。除了夷狄进而为华夏、华夏退而为夷狄的变化外，对于夷狄的看法也不是一成不变的，宋人在官方交往中称契丹为"大辽"，而内部行文则称之为"敌国"，"敌"除了敌人、敌对的意思外，还有相敌、对等的意思。对契丹有相当了解的韩琦、富弼等有外交实践的官员都认为，古今夷狄不同，契丹、党项"得中国土地，役中国人力，称中国位号，仿中国官属，任中国贤才，读中国书籍，用中国车服，行中国法令，是二敌所为，皆与中国等。而又劲兵骁将长于中国，中国所有，彼尽得之，彼之所长，中国不及。当以中国劲敌待之，庶几可御，岂可以上古之夷狄待二敌也？"③凡中国所有，尽皆得之，而且其所擅长还是中国所不具有的，这样的夷狄还是不是夷狄呢？宋人感觉到处于他们时代的"北朝"和经典里面记载的夷狄

---

① （唐）魏徵、令狐德棻：《隋书·西域传》卷八三，第 6 册，1860 页。

② （唐）魏徵、令狐德棻：《隋书·突厥传》卷八四，第 6 册，1874 页。

③ 《长编》卷一五〇，庆历四年六月戊午条，第 11 册，3641 页。宋人对契丹的看法可参考陶晋生：《宋辽关系史研究》，83～105 页，北京，中华书局，2008。

不一样了，这和现代学者对第二个千年北方游牧政权的判断是一样的。作为理性的政治家，富弼对契丹人"北朝"的评论意味深长，一方面肯定要维护大宋对中国的专享，但也不得不看到辽国客观具有的中国特性，所以称之为"中国劲敌"，既保留大宋名分，也顾及契丹的现实，这是宋人在正名上的苦心。大中祥符元年（1008）六月，宋国通报契丹将举行封禅大典，《续资治通鉴长编》（以下简称《长编》）载契丹报书："中国自行大礼，何劳告谕？其礼物虑违誓文，不敢辄受"①，据此似乎契丹称宋为中国，但《宋会要》保留更原始的记录，第一句是"封禅大礼"，并没有称宋为中国，《长编》所据已经是经过宋人"润色"的契丹报书，是为了强调名分上中国称号归属于宋，所以改写了报书文字。其他传世文献中契丹等称宋为中国的情况，有些就类似于此，是出于宋人的润色。皇帝为中国天子的专称，而宋、辽两国国书互称对方君主为皇帝，这表明宋辽双方都默认当时天下有两个天子。

在华夏书面经典的层面上，天下的表述有时候趋向"强表达"，但在实践中，天下观显示了充分的弹性，兼容了夷夏世界不同族群丰富的诉求。了解天下观念的丰富层次，实践中的兼容，回到历史的具体场景中比只看儒家学者的表述有用。毕竟，中国人说与做的张力是成熟的研究者必须警惕的。比如，从"夷狄"的角度，难道也是坦然接受这种以华夏为中心的表述，毫无疑问地被动接受向慕、来朝的说法吗？恐怕未见得。夷狄也有他们自己对天下的看法，只是夷狄在天下的表达方面很多情况下是失语的，他们关于天下的表达往往被忽略。

天下秩序中隐含了一种理解，就是"有德者居之"，这个观念突

---

① 《长编》卷六九，大中祥符元年五月甲午条，第 6 册，1548 页。另参见（清）徐松辑：《宋会要辑稿》蕃夷二之二，第 8 册，7693 页，北京，中华书局，1957。

破了现实中地域和种族的局限。北方民族政权同样可以认为占有中原、征服广大地域本身就是一种受命于天的"德"，抛开正统观念的偏见，鲜卑、契丹、女真、蒙古等族群都曾具有或自认为具有此德，因而受命于天，入主中国。这也就是说，天下共主是一种"虚位"。唯有虚位才最具包容性，它给每一个角逐在东亚历史舞台上的族群预留入主的权利和可能性，历史上众多族群愿意竞争这一虚位，有进有退，这将众多的族群缩合在一起。回过头来看，兼容"多"能维持"一"的向心力，形成连续的广土众民的中国，天下的"虚位"非常重要。

契丹人就认为自己直承汉唐谱系，"尽致周、秦、两汉、隋、唐文物之遗余而居有之"①，自豪地宣称"一统正朔，六合臣妾"②，这就是天下共主的姿态。金人灭辽、北宋，号称是因为"契丹国主失道，民坠涂炭"③，"（宋）天厌其恶，民不聊生"④，所以金以"吊民伐罪"的名义用兵，承天命、以有道伐无道是共主的职责。虽然不能说金人一开始就有经略天下的宏图，这些书诏也不一定是金人自己写的，可能出自治下的汉人或契丹人，但这一点在金国建立后日益强化，他们自认天命所钟，自称中国正统，尊奉儒家学说。蒙古统治者在诏书里宣称"长生天气力哩，大福荫助佑哩"，前一句相当于"奉天"，后一句相当于"承运"，这两句话就是翻译汉语"奉天

---

① （元）脱脱：《辽史·仪卫志一》卷五五，第 2 册，899 页，北京，中华书局，1974。

② （辽）耶律俨：《道宗皇帝哀册》，见阎凤梧主编：《全辽金文》，574 页，太原，山西古籍出版社，2002。

③ （宋）徐梦莘：《三朝北盟会编》卷一五，108 页，上海，上海古籍出版社，1987。

④ （宋）徐梦莘：《三朝北盟会编》卷八四，630 页。关于辽、金的中国观可参考刘浦江：《德运之争与辽金王朝正统性问题》，载《中国社会科学》，2004（2）；赵永春：《试论金人的"中国观"》，载《中国边疆史地研究》，2009（4）；赵永春：《试论辽人的"中国"观》，载《文史哲》，2010（3）。

承运"，也是承天命德运以君临四海的意思。① 元代四等民，换一个角度看，其实是以蒙古民族为中心的另一个版本的五服。而万国来朝也远比我们以为的复杂，其往往不是朝一个中心，而是朝两个或以上的中心，高昌两事隋与突厥，回鹘同时向宋、辽进贡，高丽依违于宋、辽之间。中原王朝的记录为了突出自己的正统性，似乎有意无意回避多中心。多中心并不代表天下体系的崩溃，天下是分而不崩。10—13世纪宋、辽、夏、金、蒙古都是当时亚洲的相互竞争的中心之一，这是"分"；但各中心至少在基本观念层面都认为天下中心只有一个，那就是自己，而且深信自己可以归并其他中心，完成天下的重新统一，这是"不崩"。

天下的"弹性"兼容多维度、多层面的表达和实践，既包括把众多族群绾合在一起的"一"，也有保留相对独立的"多"，提供给夷夏互动极其宽裕的回旋余地。华夏表述中夷狄如禽兽的说法，不过是一种修辞，强调自身文化的优越感，真正政治实践中似乎并未把夷狄作为禽兽，这还是一套因其俗而治其民的手段。夷狄同样有他们的"修辞"，西夏语称汉人音为"杂"，对应的西夏字由"小"和"虫"两个西夏字组成。② 蒙古人把南宋人称为"蛮子"。我们熟悉许多夏对夷的歧视性称呼，这算是一种夷对夏的歧视性称呼。但在具体治理中，辽、金、蒙古帝国也有一套因其俗而治理汉人的方法。

我们讲到天下，往往注重静态、单维的"九州""五服"，这只是天下的标准型，而实践中的天下往往是动态、多维的非标准型。至少，夷狄如何表达他们眼中的天下，华与夷如何在具体实践中"操作"天下，以达成默契，这两个方面非常重要。尤其是夷狄这一维如何体现自身主体性，并影响华夏一维的行为常被忽略，我们探索

① 此点蒙聂鸿音先生提示，参见《回归考据学：21世纪西夏文献研究新动向》(成都，四川大学名师讲堂，2012-11-21)，特致谢。

② 史金波：《西夏社会》，38页，上海，上海人民出版社，2007。

关于天下经验的完整描述，这些方面亟待纳入考察视野。

我们把眼光聚焦在一些具体的细节上，可能比通常的宏观概括更能看出问题。面对多元中心，夷夏双方都有一套实践智慧来处理相互关系，这里面有各种协调矛盾的"说法"，也有交往中的相互观察、揣摩、调适的"做法"。这些都是为达成多中心间的交往而不是相反。在战争和臣服两极间，有很多中间道路可供夷夏选择，比如，羁縻或和亲。元昊对宋国书称"男邦面令国兀卒郎霄上书父大宋皇帝"，对宋帝称父不称臣，其中深意是父子之间，情同一体，但子不同于臣，其独立性是可以保障的，这有利于争取与宋平等外交。① 元昊对宋的国书本来要直接称皇帝，通过协商改称"兀卒"，又作"吾祖""乌珠"，意思是"青天子"，而中原皇帝是"黄天子"。北方游牧民族敬天，认为天色青，元昊称"青天子"是特示尊贵，其实还是称帝。其他西夏官职宁令（太尉）、领卢（枢密使）双方也约定只用音译。② 宋不愿看到一个鼎立称尊的西夏，对这些西夏国书"僭越"的称呼，宋和西夏约定，只能音译，否则不接受。音译至少字面上没有僭越，至于字音后面什么意思，可以假装不知，算是面子上勉强敷衍得过去。其实，宋朝君臣都知道这些音译夷语的意思。元与吐蕃（今西藏自治区）之间，元朝中央对其进行实际的行政管理，但在说法上有讲究，西藏的教史认为，"蒙古和萨迦派结为施主与福田的关系，吐蕃地方纳入了忽必烈皇帝的统治之下"，这种

---

① 吴天墀：《西夏称"邦泥定"即"白上国"新解》，见《吴天墀文史存稿》，281 页，成都，四川大学出版社，1998。

② 吴天墀：《西夏称"邦泥定"即"白上国"新解》，见《吴天墀文史存稿》，281、287 页。宋朝对外邦进呈表章先翻译，再改写、润色的情况，可参考黄纯艳：《"藩服自有格式"：外交文书所见宋朝与周边诸国的双向认识》，载《学术月刊》，2008(8)。

"施主与福田"的说法双方都认可。①

不同族群要建立稳定的交往，必须相互了解，也就是要知道对方是怎么想的，这样相互间的行动才会被对方理解。这就要求务知其俗，夷夏双方都在朝这个方向努力。从许多交往的细节可以看出，夷夏的交往中，既有相互之间对对方不合实际的臆想、揣度，也有通过了解，因其俗而制定合理的政策。在这方面，宋朝就一点也不颟顸，在决策中对作为他者的夷狄一维颇为关注。富弼观察到契丹人"风俗贵亲，率以近亲为名王将相，所以视中国用人亦如己国"②。所以在契丹人的想象中，宋朝宗室"八大王"的燕王最厉害，"朝廷庶事，皆决于王。王善用兵，天下兵皆王主之，严刑好杀"，小儿夜哭，就恐吓说"八大王来也"，牛马不下水渡河也说，"必是八大王在河里"，出使宋朝的契丹使节也每要问及八大王安否。③"八大王"殆指太宗子周恭王元俨，于兄弟中行八，故有此称。元俨历事三朝，位望崇隆，契丹人认为他是宋朝最有权势的人。这其实完全出于契丹人从北方游牧民族崇尚贵戚、宗王握实权的政治制度而对宋的臆想，宋朝宗室包括元俨在内基本没什么实际权力。富弼认为可以利用契丹人尚贵戚的观念，稍复宗室，以期震慑契丹。有趣的是宋人对契丹也同样存有臆想，宋人听说的契丹南大王、北大王、鲁王、楚王，以为都是了不起的良将，富弼接触后认为未必名副其实。④ 熙宁五年（1072），在讨论王韶带何职名时，文彦博认为："边人不知职名高下，但见呼龙图即以为尊"⑤，建议授予直龙

---

① （明）达仓宗巴·班觉桑布：《汉藏史集——贤者喜乐赡部洲明鉴》，陈庆英译，203 页，拉萨，西藏人民出版社，1986。

② 罗继祖：《八大王元俨》，见《枫窗三录》卷二，190 页，大连，大连出版社，2000。

③ 《长编》卷一五〇，庆历四年六月戊午条，第 11 册，3644 页。

④ 《长编》卷一五〇，庆历四年六月戊午条，第 11 册，3644～3647 页。

⑤ 《长编》卷二三五，熙宁五年七月丙午条，第 17 册，5719 页。

图职名，以震慑边人。其实直龙图阁并非很高的职名，边帅多带龙图阁、直龙图阁的职名，就是出于这种边人尊奉龙图的考虑。西夏人对龙图阁直学士知延州赵禼表示"我不敢犯龙图"①，也是这种风俗。

这些策略的制定都顾及了夷狄一维，通其情，知其俗。又如异族文字，表面上宋人对其颇为歧视，但在具体实践中，边境上对敌宣传也刻印蕃汉双语文字，西夏方面也有蕃汉对照的双语词典《番汉合时掌中珠》，以备日常交往中使用。宋朝的大臣，如余靖，"前后三使契丹，益习外国语，尝对契丹主为蕃语诗"②。夷夏双方在行动中都试图理解对方一维的视角，无数这样的细节就构成了如阴阳互动的夷夏之势。夷夏双方在这一过程中都要换位，和谐的交往才能达成。双方的说法与做法在实践中都需要一系列"技术处理"实现默契。夷夏之间的"势"就在这种双方频繁交流中确立，夷夏内外、进退的"度"也在这个过程中确立。这些实践智慧不能完全避免冲突和伤害，但为默契、缓和与修复创造了最大可能。

宋、辽、西夏边境的严格管制也没能阻止信仰的交流，宋朝的信众不顾边禁，越境到辽国律寺受戒③；辽国的僧人越境远赴西夏河西访师参问④。五台山在唐宋时代成为整个亚洲著名的佛教中心，天竺、西域、吐蕃等族信众均视之为圣地，不远万里前去参拜。五台山在宋朝境内，元昊曾多次请求前往瞻礼，由于宋夏交

---

① 《长编》卷四〇九，元祐三年四月壬午条，第 28 册，9966 页。

② 《长编》卷一五五，庆历五年四月戊辰条，第 12 册，3772 页。关于余靖出使时使用蕃语的问题，参见曹家齐：《余靖出使契丹与蕃语诗致祸考议——兼说北宋仁宗朝廷对契丹之态度》，见《宋代的交通与政治》，301～322 页，北京，中华书局，2017。

③ （辽）段温恭：《特建葬舍利幢记》，见阎凤梧主编：《全辽金文》，412 页。

④ （辽）棋峰虚缘老人：《登州福山县侧立普安院希公戒师灵塔》，见阎凤梧主编：《全辽金文》，524 页。

恶，难以前往，元昊就在贺兰山建造北五台山，辽国在境内的蔚州也有自己的五台山，甚至新罗、日本也有五台山。① 虽然各国有自己的五台山，但对五台山的信仰是一样的。和天下一样，五台山这个中心也是分而不崩。从高丽到于阗，横亘万里，佛教世界众生不分种族，佛性上平等，外来佛教的传播，没有造成族群对立的圣战，反而扩大了东亚广大地域、众多族群共享的文明基础，增加了向心力。佛教成功地融入东亚的天下世界中，这除佛教理论本身的包容性以外，天下观念的兼容性也是重要原因。苏辙使辽，在古北口看见契丹人立庙祭祀战死的宋将杨业，抗金名将吴玠死后葬于德顺军水洛城，后这里成为金国境内的地盘，金人对这位威名远扬的敌帅仍怀有敬意，陆游听闻，"今虽隔在虏境，松楸甚盛，岁时祀享不辍，虏不敢问也"②。宋辽、宋金的对立不能以现代国家间的敌对来理解。

天下包含的夷夏如阴阳，互依互动等说法构成整合多元世界的一种有效观念平台、实践智慧，兼具华夷二元视角，尤其注意被忽略的天下的夷狄一维，这是一种完整的中国经验。中国能实现连续性的"广土众民"，多少与此有关。

总之，天下不是出于哪位圣人的设计，它是广阔的东亚世界在长期实践中磨砺出来的族群之间最经济、最合适的一种选择。天下巧妙地包容多维表达，夷夏在实践中灵活的调适实现默契，双方共同锤炼出天下这一具有最大兼容性的经验平台。在这个平台上，夷夏紧紧被缩合在一起，二者是阴阳共生、共存关系，双方非常奇妙

---

① 杜斗城：《敦煌五台山文献校录研究》，太原，山西人民出版社，1991；杨富学、陈爱峰：《西夏与周边关系研究》，230～249 页，兰州，甘肃民族出版社，2012。

② （宋）陆游撰：《老学菴笔记》，李剑雄、刘德权点校，66 页，北京，中华书局，1979。陆游所记"葬德顺军陇干县"，属误记（见杨倩描：《吴家将》，113 页注解⑪，保定，河北大学出版社，1996）。

地存在于对立、互融的"势"中，既保持了相互独立，而在事实上已经融为一体。天下的"虚位"给各族群以平等入主的机会，不同的族群不断加入，在这个兼容的平台上，有一种内在的向心力把大家紧密联系在一起，天下的雪球越滚越大。多元与一体并存不碍，"千灯共照，各不相碍"①，而又共成光明，这样的华严境界就是天下的传神比喻。阐述这种族群多元一体、阴阳共生的关系，不是挑战习以为常的形式逻辑，也不是故弄文字的狡狯，我们努力传达、表述的是一种关于中国的完整经验。

现代中国脱胎于这种帝国时代的天下经验，现代中国是不同概念、不同范畴和不同历史际遇叠加后的结果。的确如孔飞力所说："这样一个人口众多并如此富有多样性的国家，在人类历史上是没有先例的。"②许倬云认为，不论作为政治性的共同体，抑或作为文化性的综合体，中国是不断变化的系统、不断发展的秩序，这一出现于东亚的中国，有其自身发展与舒卷的过程。从古至今，中国经过无数次内外分际的"锤炼"，传统中国已经叠加、糅合了许多"他者"的成分，中国概念本身就是一个生成性而非静止概念。③　如果一定要定义，这种丰富性和连续性可能就是所谓的"中国性"（Chineseness）。在这持续的中国生成过程中，与我们关系最为密切的就是近一百年以来，中国由一个王朝的"天下"演变为一个现代的国家的历程，姚大力先生简要地总结为"化天下为国家"，纳日先生

---

①　这个华严的比喻参见王东杰在"边疆热点地区城市民族关系与发展态势研究会议"（喀什，2012-08-18）上的发言。

②　［美］孔飞力：《中国现代国家的起源》，陈兼、陈之宏译，121 页，北京，生活・读书・新知三联书店，2013。

③　现代民族通常也具有这种复杂的混合特点，安东尼・D. 史密斯认为："现代就像一幅覆画，上面记载着不同时代的经验和认同，记载着各种各样族裔形成过程，早期的影响在后期又被修正，结果产生了我们称为'民族'的集体文化单元性质的混合物。"见［英］安东尼・D. 史密斯：《全球化时代的民族与民族主义》，龚维斌、良警宇译，68 页，北京，中央编译出版社，2002。

描述为"将纵轴的天地平铺为横轴的世界"。① 这一深刻的变革包括了帝国天下向现代国家过渡中政治、经济、文化、认同等诸方面和诸层次的转型。王朝体制与现代国家是不匹配的，这些古老的"装备"如何被利用、改造、整合以建立一个现代国家，对身处其中的行动者，将是一个非常具有挑战性的问题。

现代中国几乎完整地继承了帝国时代的天下，包括族群、疆界、文化、社会和以中央集权为代表的政治遗产等。这一连续性是现代中国形成中的重要特性，西方学者对此无不表示忧虑：天下的多样性是走向现代国家的一个"威胁"。这些担忧或许是有理由的，如何在历史和传统赋予的多样性与现代性要求的匀质性间寻求平衡，这是一个难题。据说，"中国是佯装成国家的文明"（Lucian W. Pye），现代化的过程化文明为国家，难免削足适履之痛。麦克法兰以另外一种方式表达了这一观点：中国当前站在一个十字路口，它的物质进步有目共睹，但政治秩序和社会秩序有待规划，"中国未来面临的中心问题是，怎样做到一方面保持自己独特的文化和个性，屹立于风诡云谲的 21 世纪，一方面充分汲取西方文明所能提供的最佳养分。中国面临的另一个重大问题，类似于西方在走向充分现代（modernity）的过程中遭遇的问题，那就是社会凝聚（social cohesion）问题：何种因素能将一个文明团结为整体？"②麦克法兰所谓的社会凝聚问题换一句话说，就是如何在天下的丰富性中寻求现代国家的统一性资源。

_____

① 这一问题还可参考葛兆光：《宅兹中国：重建有关"中国"的历史论述》；汪晖：《现代中国思想的兴起（上卷第二部）：帝国与国家》，北京，生活・读书・新知三联书店，2004；赵汀阳：《天下体系：世界制度哲学导论》，南京，江苏教育出版社，2005。

② 清华大学国学研究院主编，［英］艾伦・麦克法兰主讲：《现代世界的诞生》，刘北成评议，刘东主持，管可秾译，4～5 页，上海，上海人民出版社，2013。

现代中国的政治疆域和族群状况不是如某些西方学者（如杜赞奇）认为的是现代国家的试验，它是历史地形成的，包含了诸如天下这样既在历史的记忆中，也在现实的延续中的中国经验，正是这些经验，历史地形成了多元一体、统一多民族的现代中国。我们一直受惠于这种经验，根据文明发展的"可接近性"原理，这种经验最大程度绾合、支持了不同族群的持续接近、竞争与交融，这种差异性的接近是技术和思想进步的重要契机。① 在这种视角下关照隋唐统一帝国崩溃以后的一千年，辽、宋、夏、金、蒙古的对峙的分裂时代其实是一个卷入更广土地、更多民族的大战国时代，元朝统一了这个战国，但还未能成功形成一个严格意义上的帝国就灭亡了，明与北元是另外一个南北朝（许倬云语），清把这个南北朝重新绾合为统一帝国。也有学者表述为这是公元后第二个千年，从汉地社会边缘的内陆亚洲边疆发展起来的"内亚边疆帝国模式"，萌芽于辽，发育于金，定型于元，而成熟、发达于清。（姚大力语）拉铁摩尔也注意到游牧方式对中国历史循环的影响。夷夏互动之势，一直是中国形成的原动力，元与清就是当时的中国，没有超出二元互动的大势，我们关注天下的夷狄之维，但不认为有所谓"超越中国的帝国"。（罗友枝语）② 西方学者可能没有体会到前揭华夷间如阴阳的

① ［美］L. S. 斯塔夫里阿诺斯：《全球通史——1500 年以前的世界》，吴象婴、梁赤民译，吴象婴校订，57～59 页，上海，上海社会科学院出版社，1988。

② ［美］杜赞奇：《不平衡发展与多民族国家：二十世纪的中国与现代世界》，成都，四川大学演讲，2010-10-10；许倬云：《我者与他者：中国历史上的内外分际》，北京，生活·读书·新知三联书店，2010；姚大力：《一段与"唐宋变革"相并行的故事——读〈疾驰的草原征服者：辽西夏金元〉》，见《读史的智慧》，70～86 页，上海，复旦大学出版社，2016；［美］拉铁摩尔：《中国的亚洲内陆边疆》，唐晓峰译，39～71 页；萧启庆：《内北国而外中国：蒙元史研究》，北京，中华书局，2007；Evelyn S. Rawski（罗友枝），*The Last Emperors: A Social History of Qing Imperial Institutions*, Berkeley, University of California Press, 2001；黄兴涛：《清代满人的"中国认同"》，载《清史研究》，2011(1)。

那种进退互融的"势"，如果没有广阔的历史视界，把二者看成截然对立的，就可能得出"征服王朝""超中国""大清非中国"这类结论。日本学者杉山正明有一个看法，他提醒应警惕研究中的两种偏向，一个是"宋元观点"，从华夏正统观念出发，认为辽金西夏是异族、外国；另一个是站在相反立场的"辽金元观点"，简单分割两个刚性对立的"纯中国世界"与"非中国世界"，以"征服王朝"的观点来看问题。[①] 这两种倾向都没有从二元互动的"势"去把握长时段的历史大脉络。毕竟以中国历史的复杂性和文献的丰富性，从两种倾向出发，都可以发现大量材料来证明自己的观点，如果局限在某个断代或抱有某种倾向，或偏离中国本土经验的理论预设去做研究，把某些阶段性的、特殊的现象强化为长期的、一般的规律，结论的偏颇就不可避免。历史研究还是应该努力保持客观，从避免偏见上下功夫：突破断代拘囿，以期通观达识；正视史料的矛盾，以成更圆融的解释；回归中国经验，以求锤炼真正的问题。

我们希望关注这种夷夏多元互动格局展开中的多个层面和丰富"肌理"，至少可以从观念、地域、个人三个层次来研究10—13世纪的族群的互动交融：首先，从观念层面上，时空传统的差异塑造了农耕、游牧两种文明不同的理解时间、空间的方式，中原王朝和草原帝国就植根于这种不同的时空传统之上。双方以历法颁赐的方式来竞争厘定时空的权力，而颁历竞争背后是天命象征性资源的竞争。作为皇帝生日的圣节是宋、辽、夏、金、元共享的时空传统，围绕这一神圣时间点展开的交聘活动呈现各政权间的生动互动。其次，从地域层面来看，这一时期频繁的族群互动深刻地塑造了地域的政治文化风貌。陇南礼县一带，13世纪初的二十年还是宋金拉锯进退交战的前线，短短十余年后，这个地方已经是蒙古汪古部统

---

① ［日］杉山正明：《蒙古时代史研究的现状及课题》，见［日］近藤一成主编：《宋元史学的基本问题》，289页，北京，中华书局，2010。

治的礼店元帅府，生活着汉人、女真人、契丹人、蒙古人、吐蕃人和党项人，而原来信奉景教的汪古人在这里转而崇奉道教、服膺儒家经典。最后，波澜壮阔的战争、迁徙对个人的选择和命运有什么影响呢？个人在这样的历史洪流中其实是微尘，无法自我主宰，被迫卷入时代的激荡之中，但微尘也能折射出时代的风势。我们力图复原这一跌宕时代中的个人经历，如宋金战争中一批安蕃、张威等中下级官员的沉浮，如宋夏战争中弃文从武的陕西武将李宗师父子，又如决定约降的钓鱼城主将王立。历史往往把个人的痕迹淘洗殆尽，上面那些人物基本不可能在历史中留下什么大的影响，但钩沉出被时代淹没的人生和个人经历，似乎能遥遥触及他们的悲欢感慨。这样，互动交融时代的宏大叙述也具有了个人经历的维度。

时间　空间　历法

边疆形态、天下的时空传统及其现代转换

　　时空观念是文明的基本架构，一个社会所有的人类活动都建立在一定的时空坐标之上，作为文化基本架构的时空坐标维度在近代以前不具有普遍意义，不同的文明与特定的时空观念体系相联系。天下体系中的农耕与游牧的二维世界具有不同的时空观念，前现代这两种截然不同的时空观念塑造了两种不同的帝国，其边疆形态也具有明显差异。而现代文明首先是一种新的时空观念，现代性生长在现代时空观念上。现代时空观念最显著的特点就是矢量线性和匀质性，这造就了现代国家的领土主权观念和边疆形态。东方国家的现代转型包含了时空观念的转型，以及在此背景下疆域形态的转型。

　　天下无疑具有极其丰富的层面，这是夷/夏之间以及游牧/农耕之间对立、互动、互融的"势"的产物。阴阳二维，缺少任何一方，都不能称其为中国。理解中国的关键就是要从这种双向、动态的"势"中去把握。天下统合了农耕、游牧二元世界，农耕世界与游牧世界具有不同的时空观念，而两种不同的时空观念在历史中有密切互动。时空观念是文明的基本架构，天下时代的两种不同的文明就生长在不同的时空坐标中。现代世界的诞生首先是现代的时空观念取代天下时代的时空观念，也终结了游牧文明或农耕文明可见、不可见的观念和物质形态。我们从不同文明的时空观念差异、时空观念现代转型的角度来探讨疆域和边疆概念，将会更好地理解从天下

到国家现代转型中观念层面及具体实践中深刻复杂的变化。①

一、农耕世界的循环时间与游牧世界的弥散时间

中原地区地处温带，四季分明，农耕生产方式以季节为周期，时间性极强。农耕文明植根于这种时间性的生产方式，在这种生产方式中的祖先崇拜、边界、组织、定居、历史具有重要意义，这些要素中历时性和循环性的时间序列具有明显优势。农耕世界的雏形从公元前 2000 年以众多酋邦组成的"邦国群"（state complex）中已经开始出现，并强势地向四边辐射。② 强调时间性的祖先崇拜当时可能已经孕育于定居文明之中。定居的生活方式要求人们从时间序列获取空间拥有权的合法性，持续定居耕作于同一空间就说明这一空间是被所有者的权利法定拥有的，通过时间序列的祖先获取空间拥有权的合法性是必然逻辑。定居农耕的决定要素是土地及生长在上面的作物，作物以根固定在土地上，这些都是不移动的，固定的"根性"是农耕的基本特点。每棵植物都有独立的根，农耕的"根性"也决定了农耕文明是倾向于安土重迁的定居社会。而农业生产的循环特性以及对节候农时的关注使农耕文明发展出各种精巧复杂的时间周期，既指导农业生产生活，也解释天下的循环往复，分合兴衰，同时为王朝的合法性提供依据。这就是中原王朝五德转移的政治神学，是建立在时间循环性基础上的一套学说。

游牧指在每年 200～400 毫米降水量的干旱草原上形成的一种

---

① 关于时空形态与文明转型关系的讨论参见［德］阿莱达·阿斯曼：《现代时间管理机制的兴起与衰落》，成都，四川大学演讲，2015-12-04；［美］司徒琳主编：《世界时间与东亚时间中的明清变迁（上卷）：从明到清时间的重塑》，赵世玲译，北京，生活·读书·新知三联书店，2009。

② 许宏：《何以中国——公元前 2000 年的中原图景》，北京，生活·读书·新知三联书店，2014。

人类生产生活方式，亚洲草原最早的游牧帝国存在于两千多年以前。游牧地区所处的寒温带，冬夏两季较分明，四季不分明；人们逐水草而居，迁徙于冬夏牧场之间；边界是模糊的，部落分合不定，组织的稳定性不强；但游牧方式依赖于广阔的牧场，对广阔空间具有拓展性，空间性占有主导。这种空间性源于游牧是以牲畜而非土地为决定性因素。牲畜是移动的，这种移动创造了空间性的拓展和弥散，由此带来贸易、商业与交换。

游牧的空间实际上也具有动态和静态两种特性，"学术界很早就形成了一种见解：开发人的住所外围空间的圆周式空间（静态的）是定居居民特有的原则，而线形（动态的）空间，则是游牧居民特有的原则。然而，未必能够如此清晰地划分界线。当研究游牧民族开发空间的方式时，我们在任何情况下都要注意到他们结合了两种原则：圆周式原则（当蒙古包设置在临时驻地时）和线形原则（从一个驻地迁徙到另一个驻地的游牧途中）"①。在空间转换中，以蒙古包的建立为标志，世界的中心可以在任何地方建立，蒙古包是草原游牧民的宇宙雏形，"游牧民把自己的居室（包括已开发的生产空间）看作是某种中心，其余的全部空间都围绕着这个中心形成几个圆圈。蒙古包——是中心圈，在它周围的生产空间是第二个圆圈，栓马桩界外的空间是第三个圆圈（人们常常把客人送到那条人为规定的界线）"②。中心在移动中不断重建，不必固守一处，与这种空间拓展、弥散结合在一起的就是时间的弥散性和共时性，神话/史诗将时间不断带回原点，重温创世的时刻。游牧帝国的空间拓展植根于他们生活的流动性，以及与这种流动性共生的弥散型时间，游牧

---

① ［苏联］H. 茹科夫斯卡娅：《蒙古人的空间观和时间观研究（续）》，树华摘译，载《蒙古学资料与情报》，1991(4)。

② ［苏联］H. 茹科夫斯卡娅：《蒙古人的空间观和时间观研究（续）》，树华摘译，载《蒙古学资料与情报》，1991(4)。

帝国一边扩张，一边分裂，新的时间原点不断被创造，新的中心不断形成，逐渐脱离旧中心，而各中心间只有一个大致的边界范围，就像蒙古包的圈层，没有清晰的分界，边界处于变动之中。成吉思汗的帝国从扩张到四大汗国形成，并各自独立发展，就是遵循这样的发展轨迹。草原帝国弥散的疆土形态与其时空观念形态是匹配的。一旦近代国家形成，边界划定，游牧的草原帝国就消失了。①现代时空观念的关键要素是土地所有权，这是对定居与边界的权力厘定。现代国家边界划定，主权确立，迁徙和流动结束了，意味着草原世界混沌的时间性就转变为现代矢量时间性，神话和英雄史诗就消失了，现代世界以历史的矢量时间性序列厘定边界和主权的合法性，草原帝国弥散的疆土形态被清晰的现代国家边界所取代。

弥散型时间的迁徙文明与循环型时间的定居农耕文明形成了对照，前者强调英雄崇拜、神话叙述，后者强调祖先崇拜、历史叙述。神话和英雄史诗本身是一种共时性很强的叙事，讲述者和倾听者在特定场域中共同体验神话创世和英雄伟绩，这种经历因为讲述而被不断呼唤到场，被反复体验，创世与英雄从未远离世界。历时性在这里被平铺到空间性之中，成为一种弥散混沌的时间经验模式。历史叙述正好与神话叙事形成对比，历史叙述建构了一个理想化的，但又是永远不可回复的、疏离的过去，时间序列中的圣王、祖先传统借此建立。历时性的主导优势使空间性也都被编织到时间的序列中，以取得合法性。农耕文明崇拜祖宗坟茔，而家族墓地、风水环境、定期祭祀是建构在时间序列上的空间价值感和权力感，这是时间化的空间经验。祖先进入历史，供奉于祠堂，定期受拜祭。游牧民族一般不采用埋葬形式，遗体被迅速纳入自然界循环，

---

① ［美］巴菲尔德：《危险的边疆：游牧帝国与中国》，袁剑译，南京，江苏人民出版社，2011。

即使采用埋葬形式，也可能是从农耕文明学来的，而且祖先坟茔很快被淹没在自然环境中，其标示性不强；祖先被纳入神话，但很少举行墓祭。辽、金的墓祭，都是学习中原的。两种文明形态时空观念的差异是明显的，"神话的（神圣的）时间和经验主义的时间（历史的、日常生活的）是两个不同的范畴：前者永久停滞不前，后者不可逆转地增长、前进"①。

对历史的、日常生活的忽略解释了游牧王朝早期史诗神话发达，而历史模糊、缺失的现象。乌瑞夫人揭示了《蒙古秘史》的神话特性，此书虽出于参与、目睹或听闻蒙古早期历史事件的当事人的口述，但这些当事人的心智和眼光都是"神话/史诗性"的。这是他们的文化习得，他们将看到或经历的当代事件以神话/史诗来理解，甚至把自己和他人也以神话/史诗中的人物来对应，他们头脑里已经习得的那一套神话/史诗的"结构"自动地选择和整理了自身的经验，而被整理的经验又反过来加强"结构"，这种反复加强的结构会对人们的行动产生影响，使人们有意无意地模仿神话/史诗。《蒙古秘史》第129节中出现了一个惊悚的情节：札木合将战俘放入七十口大锅里煎煮。这和草原文化中的一些特定观念有关，南西伯利亚英雄史诗就有将敌人放在釜具中煎煮的情节，这是当地英雄叙事文学中的一种常见主题，其目的是为了破坏其尸骨以阻挠敌人复活。② 札木合的行为其实就是在模仿耳熟能详的史诗中的情节。史诗是反历史的，没有矢量的时间性，它通过吟诵、仪式和模仿，当

---

① ［苏联］H. 茹科夫斯卡娅：《蒙古人的空间观和时间观研究（续）》，树华摘译。

② 钟焓：《民族学视角下的古代蒙古人传说——读乌瑞夫人蒙古学论著札记》，见姚大力、刘迎胜主编：《清华元史》第2辑，417～471页，北京，商务印书馆，2013。塞诺有专文探讨这一情节，参考［美］丹尼斯·塞诺：《丹尼斯·塞诺内亚研究文选》，北京大学历史系民族史教研室译，73～77、79页，北京，中华书局，2006。

下不断回到"原点"。混沌时间最大的特点就是可以在任何情况下通过仪式回到创世起点，在这种混沌时间中，行动中的人物和史诗中的英雄没有距离。这就是建立起游牧文化的草原"心性"的重要特点。如果以矢量时间为标准，草原心性的时间维度是贫乏的，时间被锁闭在神话/史诗的混沌之中，虽然对四季有理解和感知，但缺乏下文所述农耕王朝发展出来的精巧时间结构。

草原时间的计量是简单质朴的，中原人记录了突厥、蒙古、女真民族早期历法，"其俗每以草青为一岁，人有问其岁，则曰几草矣"①。此外，还有其他自然历法，"在蒙古人和草原居民那里自古以来就有其计时方法：结合草原分布区的动物活动动态测定时间的方法"，比如，以土拨鼠、熊、狼、狐狸及其他在一年内或一定时期内有定时循环习性的动物为标准测量时间，如以土拨鼠一年行为标示每年的七个主要季节：(1)当土拨鼠从冬眠状态醒过来时；(2)当土拨鼠的毛色变白时；(3)当土拨鼠脱毛时；(4)当土拨鼠积蓄脂肪时；(5)当土拨鼠的皮毛长到一定长度时；(6)当土拨鼠搜集做巢穴的干草时；(7)当土拨鼠进入地下冬眠时。② 值得强调的是以土拨鼠的行为确定季节并不是唯一的标准，这些标准可以是狼、狐狸或其他动物的行为。这也是其弥散性时间的一个特点，即没有一个具有垄断权力的标准。这种游牧民族的动物历法也出现在《蒙古秘史》中：guran sara，意为"麢子月"。这相当于农历七月，是麢子的发情期。贝加尔湖鄂尔浑古突厥碑铭出现 arkar ay，意为"大角野羊月"，相当于农历九月，为雄性大角野羊的发情期。这是欧亚草原

---

① (宋)赵珙：《蒙鞑备录》，见上海师范大学古籍整理研究所编：《全宋笔记》第 7 编，第 2 册，103 页，郑州，大象出版社，2016；(宋)洪皓：《松漠纪闻》，见上海师范大学古籍整理研究所编：《全宋笔记》第 3 编，第 7 册，125 页，郑州，大象出版社，2008。

② ［苏联］H. 茹科夫斯卡娅：《蒙古人的空间观和时间观研究(续)》，树华摘译。

的古老历法，成吉思汗扩张前的蒙古人就是使用这种历法。①

随着与农耕社会的互动，蒙古人从那里学来了干支纪年法，《蒙古秘史》已经采用这种纪年法。随着帝国的扩张，游牧文明粗放的自然历法已经与帝国不相匹配，中原王朝的历法通过畏兀儿人的媒介作用传递给蒙古帝国，这是一种汉—畏兀儿历法的蒙古改写本②，中原王朝的历法由此被蒙古人接受，与此同时被接受的还有这种历法背后的循环时间观念、五德天命转移的政治神学、历法正朔颁赐所代表的朝贡制度体系，草原游牧文明与中原农耕文明的互动在这一层面显得非常生动。元朝按中原王朝的方式制定了精确性超越前代的《授时历》，由朝廷统一颁布："授时历进当冬至，太史异官近御前。御用粉笺题国字，帕黄封上榻西边"③，这是元末士人宫中亲见颁布授时历的场景，皇帝御书蒙古文字于其上，然后颁向全国。蒙古人接受中原王朝这一套历法体系其实也是接受了这背后的一套天道循环时空观念，与草原游牧弥散型的时空观念已经不同。游牧民族一旦脱离草原，在农耕地区建立帝国，新的生存环境必然会让他们接受另外一套与环境适应的时空观念。契丹人、女真人的早期历法知识也很简单，在进入中原建立帝国以后，迅速接受汉地历法体系，制定颁布中原体系历法，结束部落时代弥散型的时间传统。随着时空观念的变换，疆界观念也在变换，女真人开始强调南部国界的清晰边界，同西夏和南宋勘界、划界。西夏也是游牧民族，但建立

① ［法］路易·巴赞：《突厥历法研究》，耿昇译，526～527、681～682页，北京，中华书局，1998。关于更多蒙古历法论述参见此书第七章"畏兀儿—蒙古历法及其传播"，517～554页。

② ［法］路易·巴赞：《突厥历法研究》，耿昇译，541页。蒙古历法还可参考［苏联］H. JI. 茹科夫斯卡娅：《蒙古历法研究》，竺林译，载《蒙古学资料与情报》，1990(2)；阿尔丁夫：《13世纪之前蒙古物候历考》，载《内蒙古师范大学学报(哲学社会科学版)》，2013(2)。

③ （元）张昱：《辇下曲》，见《可闲老人集》卷二，收入《景印文渊阁四库全书》第1222册，540页。

帝国以后，同样强调清晰边界，现存的《吴旗金夏划界碑》表明两个草原/森林民族进入帝国以后时空观念改变导致的疆界观念的改变。①我们通常认为在天下体系中，无论农耕还是游牧王朝都不会强调清晰国界，但在某些情况下，如辽、宋、夏、金互为对立的情势下，其相互接触的疆域也会强调清晰边界，这是游牧、农耕二元互动的结果，夏与金的勘界、划界就是这一互动的结果。

以农耕为主体的中原王朝由于生产方式决定了循环的时间性占主导地位，王朝的时间性体现在将不同周期的时间与皇权及国家权威联系，其突出表现就是历法。中原王朝的历法强调对各种时间循环周期的描述，其中标识了许多节气、节日等重要时间点位，这些时间点因具有历法、政治或文化意义而被神圣化。不同社会阶层对神圣时间点的关注重心不同，民间重视上元、清明、端午、中秋等，宗教信众重视佛诞、中元等，而从国家的层面讲，最重视"三大节"。元正、冬至、圣节被称为古代国家的三大节，"元正者一岁之始，冬至者一阳之始，圣节者人君之始"②，这三个时间点分别代表了历法、天道、君主三者在一个循环周期中的起始点。冬至十月建亥，是古人观念中天道四季循环周期的起始点；正月建寅是王朝颁定历法所规定的一年的起始点；圣节是皇帝的生日，代表皇帝生命历程中的起点。所以这三个时间点分别包含了敬天（冬至）、授时（元正）与尊君（圣节）的内涵，而这三者在强化王权天授的观念上是相通的。唐宋以降，圣节被纳入王朝的时间编码中，通过确定圣节这一神圣时间点，皇帝力图将王权至上的观念纳入时间体系，并通过每年的圣节祝圣强化这一观念，并将其推广到王朝势力所及之

---

① 《吴旗金夏划界碑》，见史金波、陈育宁主编：《中国藏西夏文献》第5编，第18卷，94～96页，兰州，敦煌文艺出版社，2007。

② （清）秦蕙田：《朝见》，见《五礼通考》卷一三六，第5册，叶1a，台北，圣环图书股份有限公司，1994。

处。此外，传统经典中还有五运等更大周期的时间循环，这些循环都被赋予神圣性，与王朝的天命密切相关。中原王朝这一王权与时间编码相结合的传统可能从殷商时代已经有雏形。

中原王朝具有的循环时间取向性有别于草原弥散型时间，这种时间虽然脱离了神话/史诗的混沌特性，不能随便回到原点，但其取向仍是周而复始、循环不尽的包含着许多周期性的圆形，原点会在下一个循环周期的初始时刻出现。这种循环时间与天下同心圆式五服、九服的圈层空间结构相匹配，建构天下王朝的基本时空架构。这与现代进步观念下的线性矢量时间不同，而线性矢量时间是现代世界的重要支点，在这种时间观念下，原点永远不会再出现了。不同的时空架构匹配不同的边疆形态，天下的边疆形态是一种差序，是一种与中心在地理位置和文化水平上的级差关系，不是现代国家与邻国接壤的一条线或一片地区。

二、现代时空观念与国家边疆、主权观念

现代世界的国家、主权观念和现代线性矢量时间同时产生，共同构建现代世界的基础。① 线性矢量时间观念源于西方基督教传统，时间之维确有一个起点（上帝创世），也有一个终点（末日审判），17 世纪英国大主教 James Ussher 认定上帝创世是公元前 4004 年，牛顿预言宇宙在 2000 年终结。从起点到终点贯穿的是上帝的旨意。这样，近代西方世界的殖民扩张都可以在这一线性时间中用上帝旨意加以理解，西班牙人在勒班陀战胜穆斯林、英国打败

① 现代线性矢量时间观念的诞生及其与现代性的联系可参考尤西林：《现代性与时间》，载《学术月刊》，2003(8)；古代循环时间观念和现代线性时间观念对法律制度、社会秩序的影响可参考熊赖虎：《时间观与法律》，载《中外法学》，2011(4)。

无敌舰队、美洲的发现、英国的全球扩张、五月花号抵达北美、美国对印第安人的掠夺等，都被整合到贯穿上帝旨意的基督教叙述中。而这一线性矢量时间的叙述尤其突出现代性，modern 最初在16 世纪开始通用，源于拉丁文 modo，意指"刚才"，起初 modern 指"目前""最近"，18 世纪这个词的意思指"更好的"，西方历史学家开始用这个词指自己的时代，以别于过去。随着进步观念的传播，这个词也被赋予评判优劣的标准。① modern 其实是线性矢量时间序列中继上帝创世以外的又一个起点，越到后来，这个起点的意义越重大。

英国印度总督 Curzon 曾自豪地宣称英国拥有了地球上所有主权中最广阔的领土疆界，在北美洲与合众国有 3000 英里（1 英里约等于 1.6 千米）的陆地疆界，在印度与俄罗斯、中国等有 6000 英里的疆界，在非洲与法、德等有 12000 英里疆界，是地球上最大的陆权国家。正如 Whittlesey 所表达的，随着地理大发现而来的是欧洲国家通过在海外的帝国主义行径获得了一种世界范围的空间感，打开一片广阔的可供开发的世界②，这就是近代以来西方帝国主义的新型边疆形态——海外边疆（the overseas frontier）。这种令 Curzon 自豪的陆权扩的合法性源于上述线性矢量时间下的上帝旨意和进步观念，英国的全球疆域由此确立，而新型边疆形态背后是一套新的时间观念。Curzon 自信现代疆界划分是一个"进步"。这在古代罕见或没有，而东方人本能的强烈厌恶接受一条固定边界线，Curzon 认为部分源于游牧传统，部分源于东方人的思维不喜欢精确安排。当然，Curzon 认为疆界划定是维护和平的手段，是一种现代"进

---

① ［美］乔伊斯·阿普比尔、［美］林恩·亨特、［美］玛格丽特·雅各布：《历史的真相》，刘北成、薛绚译，52～54 页，上海，上海人民出版社，2011。

② ［美］斯蒂芬·巴尔·琼斯：《时空背景下的边界概念》，见张世明、王济东、朱曲曲主编：《空间、法律与学术话语：西方边疆理论经典文献》，319～352 页，哈尔滨，黑龙江教育出版社，2014。

步"，当然他不可能承认这种"进步"的国家疆界是西方近代以来文明的特殊产物，是强加给东方世界的规制。他观察到亚洲国家疆界划分只有在欧洲人的压力下或者在欧洲代表的干涉下才会发生①，其潜台词就是欧洲人带来了"进步"。这种强加给东方的"进步"有何效果呢？清同治、光绪年间，中俄两次划界，将哈萨克部落划分为二，入俄者称俄哈，入华者称华哈（按：当然这种俄哈、华哈是外人的划分，哈萨克人自己没有这种分别）。然界限不清，往往父为俄哈，子为华哈；兄为华哈，弟为俄哈。划界以后，仍不问国籍，往返如故。② 虽然已经划界，但清政府、沙皇俄国、哈萨克人其实生活在不同的时空体系中，沙俄以现代国家的线性的、"进步的"时空观念开拓疆土，天朝残梦中清政府正努力理解这种新规则以维护自身利益，而哈萨克人仍在游牧迁徙的时空世界中。清光绪年间，中俄在西北两次勘界缔约，中国丧失了大片国土，缺乏精确的地图是清廷勘界吃亏的重要原因，传统中国舆图采用记里开方法和传统通俗绘法相结合，虽然由传教士输入了经纬法，但运用并不成熟，误差较大，而且离中经线越远，误差越大，地图上差之毫厘，实地可能丧地千里，这使边界谈判非常被动。③ 俄国完全采用新式测绘技术得到的精密地图，在谈判中占尽优势。这是两种空间观念的碰撞，俄国现代精密地图代表的是一套近代科学所理解的空间观念，是运用近代地理学成果和测绘技术的产物，中国传统舆图的失败体现了天下时代的空间观念在现代国家利益博弈中的劣势。

美国把在北美洲的扩张视为 destiny(天命)，边疆拓展塑造了

---

① ［英］乔治·纳撒尼尔·寇松：《论疆界》，见张世明、王济东、朱咄咄主编：《空间、法律与学术话语：西方边疆理论经典文献》，153～194 页。

② 冯有真：《新疆视察记》，见王晓莉、贾仲益主编：《中国边疆社会调查报告集成》第 1 辑，第 10 册，53 页，桂林，广西师范大学出版社，2010。

③ 郭丽萍：《西北界务谈判与西方地图使用——以光绪年间两次中俄西北界务谈判为中心》，载《山西大学师范学院学报》，2002(2)。

美利坚民族的性格。① 这种自负同样生成于包含基督教上帝旨意和近代资本主义进步观念的线性时间观念上，如果没有这一观念为基础提供的合法性解释，他们很难把剥夺、杀戮印第安人的边疆拓展过程描述为民族精神形成的过程。线性时间观念—基督教传统—进步观念—destiny（天命）—美国边疆拓展—国家精神形成，这些看似不相干的领域，其实是从共同时间观念的基础上盘根错节地衍生出来，环环相扣，一同建构了现代世界的叙述方式和深层语法。斯蒂芬·巴尔·琼斯在边疆研究中已经将疆界和文明形态相联系，不同的疆界形态背后是不同的文明形态，而近代以来西方的边界形成也不尽如 Curzon 所宣称出于文明进步的契约精神，琼斯揭示了现代国家边界背后的强权政治，"契约可能仅仅是隐藏于强权政治背后的一个表象"。②

现代国家历史合法性的追述离不开线性矢量时间提供的简单化处理，排除复杂性和歧义，构筑高度统一、延续的认同。无论游牧世界的混沌时间还是农耕世界的循环时间，共同的特点是没有起点和终点，这是古代没有边界的天下的一个隐喻；而现代矢量时间有一个起点，还有"终结"，而且时间是匀质的，而贯穿其间的是一系列持续的"进步"，这是外部强调边界区分与主权平等，内部强调历史持续性和公民匀质性的现代国家的隐喻。阿希斯·南迪指出，所有大的非历史型社会，现在都有了相当大比例的人口完全受到历史模式的控制，他们不仅想要重写自己的历史，而且还想达到别人历史的高度。现代全球文明中成功的新历史型社会就是摆脱自己一部

---

① ［美］弗雷德里克·杰克逊·特纳：《边疆在美国历史上的重要性》，见张世明、王济东、朱昢昢主编：《空间、法律与学术话语：西方边疆理论经典文献》，57～93 页。

② ［美］斯蒂芬·巴尔·琼斯：《时空背景下的边界概念》，见张世明、王济东、朱昢昢主编：《空间、法律与学术话语：西方边疆理论经典文献》，341～347 页。

分过去与现在，或者说，从它们"借来的未来"的视角出发，改写了其他部分。① 南迪所说的非历史型社会应该指印度、中国等非西方线性时间的循环型或弥散型时间。

东方世界的转型也包括对西方线性矢量时间的接受，以一种非自身固有文化肌理的时间表达和历史书写切割经验，屏蔽一些东西，加入一些东西，以符合现代性的需要。一旦线性矢量时间被接受，毗湿奴大神的梦、永不停息的五德循环、长生天的护佑都结束了，所有的这些都要被整合到线性矢量时间的叙述中。线性矢量时间历时性地建构起现代民族国家的匀质性和连续性，现代历史书写"担负起筛选往昔事实的责任，要找出足以造成社会发展路线的潜在逻辑。他们因受赫尔德和黑格尔的影响，认为新的政治实体——民族——能够体现人类的目标"②，现代国家很大程度是依托现代时间表达和历史书写建构出来的。而这种现代时间表达是典型的西方经验，包括以近代西方为现代文明起点、进步理念等，我们总能从各种现代经验的表达中提炼出上面这些"深层语法"。在东亚游牧与农耕两种传统社会中，具有时间性主导的农耕社会在向现代转型中具有明显优势，虽然内涵不同，但毕竟对历时性的注重是一致的。儒家甚至有近似于进步观念的公羊三世说，而民间不断出现的千年王国运动也包含"未来"观念，这些都一定程度超越农耕文明无始无终的循环时间观念。而空间优势主导的游牧社会的混沌时间在与现代线性矢量时间的连接中缺乏沟通基础，其现代转型更加艰难。

---

① ［印度］阿希斯·南迪：《巫师、野蛮之地与荒野：论异见之可闻与文明之未来》，见张颂仁、陈光兴、高士明主编：《民族主义，真诚与欺骗：阿希斯·南迪读本》，卢隽婷、彭嫣菡译，88 页，上海，上海人民出版社，2013。

② ［美］乔伊斯·阿普比尔、［美］林恩·亨特、［美］玛格丽特·雅各布：《历史的真相》，刘北成、薛绚译，81 页。

结　语

我们生活在由时间、空间这些"先天的感性形式"（康德语），以这些基本感知架构"切割"后形成的可以理解的世界中，无论宏伟的政治抱负还是普通的日常生活，都是在时空坐标的预设中展开的。从政治的层面讲，国家权力结构和秩序安排的合理性很大程度上就建立在这种预设上面，自上古时代起，古人就从星空的运行中寻找世俗权力的基础，并力图证明帝国权力是这种宇宙秩序的一部分，和日月运行、四季更替一样是上天意志的表现，以此神化世俗权力，从而建立起一套解释宇宙生成演变，论证王朝合理性的政治神学。掌控时间划分规则的权力，是一个文明得以成立并保持影响力的基本前提。近代以来，西方世界的伟大成功之一就是消灭了不同文化对时间多元性的理解和感知，以线性矢量时间观念取得了为时间命名的权力，这种时空特性与进步等观念形态紧密相关，现代国家边疆形态就附生在这些现代性的基本架构之上。边疆形态不是现在人们看到的理所当然的那种状况，它们是和某种文明形态联系在一起，是从这种文明形态中生长出来的，是特定文明形态的展开形式之一。尤其是文明形态中具有基层架构的时空观念对边疆形态具有重要影响，归根结底边疆是一种权力位置关系的标识，存在于特定时空之内。反思不同时空文化背景对不同边疆话语形态形成的影响，有利于我们深入认识这些不同边疆形态和边疆话语理论，并探索其交流、对话和理解的可能性，从一个更广阔和深入的视角探讨边疆问题。

竞争与认同：从历日颁赐、历法之争看北宋与周边民族政权的关系

颁布正朔是古代王朝治权实现的重要象征，接受正朔则是认同这种统治秩序的标志。10—13世纪，东亚地区拥有宋、辽、金等几个相互竞争、边界变动的正朔颁布中心，这是由当时民族竞争融合的特殊政治格局形成的，历法的颁受折射出民族政权间政治、文化的复杂关系。这一时期是我国统一多民族国家形成的重要阶段，历法颁赐为我们提供了一个崭新的视角认识华夏认同形成中的一些细节。

历日颁赐即王朝每年向所统治的地区和认同王朝统治的周边民族政权颁赐历法、宣布正朔，"正"是指一年之始，"朔"是指一月之始，厘定正朔是颁赐天下的历法的基本内容。正朔的发布与接受是关系到王朝的治权实现的大问题，自古就为王朝统治者所重视①，《周礼·大宗伯》述太史之职在于"正岁年以序事，颁之于官府及都鄙，颁告朔于邦国"；《尚书·甘誓》载夏王启亲征有扈国，其兴师问罪的理由首先就是"怠弃三正"，奉正朔是诸侯认同中央王朝权威的重要标志，有扈氏怠慢废弃，不奉正朔，当然会被认为是挑战上天赋予夏王的权威，《尚书·甘誓》讨伐不奉正朔的诸侯就是维护王朝治权的手段。"天子谨于承天，诸侯凛于从王，皆莫大乎

---

① 关于历法的政治文化功能，可参考江晓原：《天学真原》，第四章"历：它的性质、源流及文化功能"，133～214页，沈阳，辽宁教育出版社，1991。

正朔"①，宣布正朔的特权是拥有上天赋予的治权的一种象征，历日颁赐是王朝行使上天赋予的权威制定时间节律的一种象征性统治权力，而接受正朔就是承认王朝的统治权，是认同这种统治秩序的象征。每年重复的颁正布朔的象征性仪式则不断强化既有的统治格局。

正朔发布与接受的行为，包含了王朝建构的统治秩序在象征仪式层面的确认，保障这种确认就是王朝治权的体现。历法规定了王朝的时间节律，一切行动都要符合这种节律，即《周礼·大宗伯》所谓"正岁年以序事"，颁赐历法实际就是取得建立统一时间坐标的权力，接受赐历就表明承认这种时间坐标，所有的活动也随之纳入这种时间体系中，向周边民族政权的历日颁赐实际上是推行统一时间标准。这一标准即使朝贡等活动得以在共同的时间序列下展开，也厘定与周边民族的政治权力关系，在中央王朝厘定的时间序列上展开的朝聘往来等外交活动建构起了对华夏朝贡体制的认同。唐高宗显庆五年（660），刘仁轨伐百济，"于州司请历日一卷，并七庙讳，人怪其故，答曰：'拟削平辽海，颁示国家正朔，使夷俗遵奉焉。'至是皆如其言"②。刘仁轨伐百济，携带历日一卷，称削平百济即以此颁示，让他们奉国家正朔，以此作为征服的重要标志。是否接受国家正朔是衡量对中原朝廷态度向背的一个重要指标，宋太宗雍熙元年（984），王延德出使高昌，对高昌所使用历法的观察是作为使者的王延德非常留心的，通过了解得知"高昌犹用开元七年历，以三月九日为寒食，二社、冬至亦然"③。王延德特意留心高昌所用历法，实际上是通过这个来考察高昌人对中原文化的认同程度，高昌与中原隔断多年仍使用中原历法说明其对中原保持了持久的向

---

① （清）张英：《甘誓》，见《书经衷论》卷二，收入《景印文渊阁四库全书》第 68 册，160 页。

② （后晋）刘昫：《旧唐书·刘仁轨传》卷八四，第 8 册，2795 页，北京，中华书局，1975。

③ 《长编》卷二五，雍熙元年四月甲辰条，第 3 册，578 页。

心力。宋朝处于我国统一多民族国家形成融合的重要时期，历日颁赐为我们提供了一个全新的视角去认识这种华夏认同形成过程的某些细节。

一、历日颁赐：再认统治秩序的仪式

历法颁赐所厘定的时间标准，在一定程度上建构起华夏文明圈朝贡体制的观念基础。从宋朝历日颁赐中可以看出与周边民族政权的关系，宋王朝通过每年重复的历日颁赐象征性仪式，潜在地确立了对被颁历地区拥有天命赋予的统治权；而被颁历地区对这种颁历权力的认同，不仅关系到对王朝治权的承认，也关系到对王朝天命的认同。

西夏与宋之间，是否奉宋正朔为衡量二者关系的一个标准，服则奉正朔，叛则不奉正朔。宋初，李继迁和宋在战争期间是不奉宋朝正朔的。宋真宗景德四年（1007），"准诏赐赵德明冬服及《仪天历》，令延州遣牙校赍往"，德明"葺道路馆舍以俟使命"。① 宋仁宗乾兴元年（1022），"德明自归顺以来，每岁旦、圣节、冬至皆遣牙校来献不绝，而每加恩赐官告，则又以袭衣五，金荔支带、金花银匣副之，银沙锣、盆、合千两，锦彩千匹，金涂银鞍勒马一匹，副以缨、复，遣内臣就赐之。又遣阁门祗候赐冬服及颁《仪天具注历》"②。德明接受宋朝颁定的仪天历，表明形式上认同了宋朝的统治。德明葺馆舍、修道路以受赐历法，宋朝起初派牙校前往赐历，后改派阁门祗候前往赐历，双方对这种象征仪式都非常重视。

德明奉行宋朝正朔近三十年，一直到其子李元昊叛宋称帝，才

---

① 《长编》卷六七，景德四年十月庚申条，第 6 册，1502 页。

② （元）脱脱：《宋史·夏国传》卷四八五，第 40 册，13992 页，北京，中华书局，1977。

不行宋朝正朔而自制历法。今天，我们不能知道元昊所颁历法的具体情况，但晚些时候的西夏历法可以从黑水城文献中得见一斑，俄藏黑水城文献 Инв. No. 7962"大白高国光定甲戌四年乙亥五年御制具注历"是现存西夏历书实物，据前叶末西夏文题"光定甲戌四年十月日太史令及卜算院头监大典阅校者持信授紫金鱼袋臣杨师裕、卜算院头监臣时国胥、卜算院头监臣墨昊"；后叶首西夏文题"白高国大光定五年乙亥岁 御制皇光明万年注"历书编制的年代是光定甲戌四年(南宋嘉定七年，1214)，历法格式、月份大小和朔日干支完全与南宋相同，可见二者之间关系密切，卜算院或为西夏制历机构。① 估计元昊所颁历法也是仿效北宋。

宋仁宗庆历四年(1044)，宋夏达成和议，元昊称臣，宋册封元昊为夏国主，宋仁宗庆历五年(1045)复向西夏颁赐《崇天万年历》。② 此后见于记载的宋赐历西夏有：宋英宗治平元年(1064)赐西夏谅祚治平二年历日，"诏夏国主：王者握枢凝命，推历授时，以考阴阳之端，以明政教之始，睠遐绥于藩土，嘉夙奉于王正，适履上辰，更颁密度，今赐治平二年历日一卷，至可领也"③；宋神宗元丰八年(1085)，宋哲宗刚即位，即诏"夏国遣使进奉，其以新历赐之"④；宋哲宗元祐二年(1087)，宋册西夏李乾顺为夏国主，双方互有和战，宋元祐四年(1089)仍颁赐李乾顺元祐五年历日⑤；宋元符三年(1100)徽宗刚即位，又赐西夏元符四年历日，"朕始承

---

① 俄罗斯科学院东方研究所圣彼得堡分所、中国社会科学院民族研究所、上海古籍出版社编：《俄藏黑水城文献》第 14 册，10 页，上海，上海古籍出版社，2011。

② (元)脱脱：《宋史·仁宗三》卷一一，第 1 册，221 页。

③ (宋)王珪：《赐夏国主历日诏》，见《华阳集》卷二三，收入《景印文渊阁四库全书》第 1093 册，171 页。

④ (清)徐松辑：《宋会要辑稿》运历一之九，第 3 册，2132 页。

⑤ (宋)苏颂：《赐夏国主历日诏》，见《苏魏公文集（附魏公谭训）》卷二六，王同策、管成学、颜中其等点校，361 页，北京，中华书局，1988。

天命，恭授人时，眷言西陲，世禀正朔，乃前嗣岁，诞布新书，俾我远民，咸归一统。尚尊时令，益懋政经。今赐元符四年历日一卷"①，实际上并无元符四年，次年即改元建中靖国元年（1101）。这一阶段虽然宋夏之间战争不断，但名分上西夏臣属于宋，奉宋之正朔，故宋仍赐历于西夏。

但这种赐历并不是连续的，在双方激烈对抗的时候，赐历实际上是不可能的。绍圣四年（1097），宋筑平夏城扼制西夏，乾顺则侵宋大理河东葭芦河境上空地，双方关系又变得很紧张，宋"诏罢赐西夏历日"②，此后宋对夏或有间断的颁历。北宋灭亡后不久，宋对西夏停止颁历，绍兴元年（1131）八月"诏夏国历日自今更不颁赐，为系敌国故也"③。这其实是南宋完全无力经营西北的一种无奈之举。西夏历法既有自己的某些特点，但也深受宋朝历法的影响，无论注历格式还是某些年的月份大小、朔日干支均与宋朝历法大致相同，应当是学习借鉴了宋朝的历法。④ 西夏政治军事上长期与宋对峙，但以历法为代表的礼乐文化方面对宋是很认同的。

此外，宋还向交趾、高丽、甘州回鹘等国颁赐历日。宋神宗熙宁三年（1070）赐历交趾南平王李日尊"敕南平王李日尊：朕稽古凝猷，揆天作历，凡舟车之所暨，皆正朔之所加。适更岁令之端，恭正人时之授，勉经民务，用迪邦彝。今赐卿熙宁四年历日一卷，至可领也"⑤。宋徽宗刚即位也向交趾李乾德颁历。⑥ 北宋专门掌管赐

---

① 《赐夏国主并南平王李乾德历日诏》，见《宋大诏令集》卷二三六，922页，北京，中华书局，1962。

② 《长编》卷四九○，绍圣四年八月丙申条，第33册，11627页。

③ （宋）李心传：《建炎以来系年要录》卷四六，绍兴元年八月壬辰条，第1册，640页，上海，上海古籍出版社，1992。以下简称《要录》。

④ 史金波：《西夏社会》，420～429页。

⑤ 《赐静海军节度使同中书门下平章事安南都护南平王李日尊历日敕书》，见《宋大诏令集》卷二三八，931页。

⑥ 《赐夏国主并南平王李乾德历日诏》，见《宋大诏令集》卷二三六，922页。

历交趾的机构是礼部的主客部，元丰改制后，礼部郎官通行设案，其中一案为"知杂封袭朝贡案，掌诸蕃国入贡并每年颁赐交趾国历日"①。宋朝赐历安南，但对历法推算技术严格控制，不准这类书籍外流，大观元年（1107）闰十月十日诏："交趾进奉人乞市书籍，法虽不许，嘉其慕义，可除禁书、卜筮、阴阳、历算、数术、兵书、敕令、时务、边机、地里外，许买"②。历算一类有关国家颁正布朔的制历"核心技术"是禁止输出的，以确保在这一象征性权力领域内的绝对优势。

宋初高丽已奉宋正朔，宋太宗淳化五年（994）赐高丽玺书中称："王雄长藩国，世受王封。保绝域之山河，干戈载戢；奉大朝之正朔，忠义愈明"③。宋徽宗宣和五年（1123），徐兢出使高丽，见到"虽高句丽域居海岛，鲸波限之，不在九服之内，然禀受正朔，遵奉儒学，乐律同和，度量同制"，将正朔、儒学、乐律、度量作为文化认同的标准，并将正朔排在了首位，称"臣观丽人之事中国，其请降尊号、班正朔，勤勤恳恳不绝于口，及为强虏所迫，革面从之，而乃心朝廷，葵倾蚁慕，终不解于胸次"。④ 作为宋朝的使臣，徐兢同样将奉正朔作为衡量文化认同程度的重要标准，他列举高丽奉大宋正朔的历史，以及宋、辽在颁历高丽上的争夺，这种争夺反映了宋辽势力在高丽的消长：

> 然自建隆开宝间，愿效臣节，不敢少懈，以迄于今。至与北虏，则封境之相距才一水耳，虏人朝发马夕已饮水于鸭绿

---

① （清）徐松辑：《宋会要辑稿》职官一三之四六，第 3 册，2687 页。

② （清）徐松辑：《宋会要辑稿》蕃夷四之四一，第 8 册，7734 页。

③ 《赐高丽玺书》，见《宋大诏令集》卷二三七，924 页。

④ （宋）徐兢：《同文》，见《宣和奉使高丽图经》卷四〇，收入上海师范大学古籍整理研究所编：《全宋笔记》第 3 编，第 8 册，150 页，郑州，大象出版社，2008。

矣。尝大败衄，始臣事之，用其年号，终统和、开泰，凡二十一年。至王询大破北虏，复通中国，乃于真宗皇帝大中祥符七年遣使请班正朔，朝廷从之，彼遂用大中祥符之号，易去北虏开泰之名。至天禧中，北虏复破高丽，杀戮其民几尽，王询至弃国而逃于蛤堀，敌留城中八月。会西北山万松皆作人声，始骇惧引去。仍强班正朔于询，询以力屈，不得已而用之。自太平二年终十七年至重熙，终二十二年清宁，终十年咸雍，终十年太康，终十年大安，终十年寿昌，终六年乾统，终十年天庆，至八年，凡一百年。而耶律为大金所困，高丽遂去北虏之号，又以未请命于朝，不敢辄用正朔，故但以岁次纪年而，将有请焉耳。……今北虏已灭，佇见高丽之使以正朔为请，而万邦之时日月可协而正矣。①

宋初高丽一直奉中原正朔，上引宋太宗淳化五年（994）赐高丽玺书中所谓“奉大朝之正朔”。辽圣宗统和、开泰年间，辽大败高丽，高丽被迫奉辽的正朔；宋真宗大中祥符年间，高丽王询打败辽国，派遣进奉告奏使御事民官侍郎郭元至阙下请赐历日②，复奉宋朝正朔；宋真宗天禧年间，辽再次征服高丽，以后一百余年高丽都多数奉辽的正朔，但在宋神宗元丰年间，高丽王徽仍“七年三集京师”，“称藩国，受正朔”③；宋徽宗末年，辽衰落，高丽不再使用辽的正朔，辽灭于金后，高丽又遣使要求奉宋朝的正朔。高丽奉辽、宋历法正朔的历史，反映了辽、宋在高丽地区争夺控制权的一个侧面，辽在这一时期对高丽的强大影响可以从其颁历的持续上看

---

① （宋）徐兢：《正朔》，见《宣和奉使高丽图经》卷四〇，收入上海师范大学古籍整理研究所编：《全宋笔记》第 3 编，第 8 册，151～152 页。

② 《长编》卷八五，大中祥符八年十一月癸酉条，第 7 册，1957 页。

③ （宋）毕仲游：《代仲兄舍人撰赐诗记》，见《西台集》卷六，收入《景印文渊阁四库全书》第 1122 册，69 页。

得出来。其实，宋太宗淳化至宋仁宗天圣之间，高丽四次遣使来朝，当时虽优诏以答并赐历日，但出于辽在高丽地区的影响以及地缘政治的考虑而并未实现对高丽的制度化颁历，所以后来富弼在对策中将接受高丽纳款、向高丽颁正朔作为对付契丹的一种策略选择。① 高丽乞求宋颁历，既有联合宋牵制辽的现实考虑，也显示了对华夏文明的认同。

宋朝赐历甘州回鹘，大中祥符八年（1015）九月，甘州回鹘可汗王夜落纥上表："去年十一月中，蒙差通事梁谦赐臣宝钿、银匣、历日及安抚诏书，臣并捧受讫"②。当时西夏李德明积极向甘州扩张，甘州夜落纥希望加强与宋朝的联系，以保障安全；宋朝也想借甘州回鹘牵制李德明，历日的授受是二者密切联系的表现。天圣四年（1026），赐历甘州回鹘夜落纥："皇帝舅问甘州回鹘外甥归忠保顺可汗王夜落隔：国家奉若上穹，修明旧典，命清台而候气，布元历以授时。卿雄略挺生，纯诚克茂。控临河塞，就望阙庭，式尊颁朔之规，聿洽同文之化，体兹朝奖，祗率国章。今赐卿天圣五年历日一卷，至可领也。"③唐朝曾以公主嫁回鹘，故回鹘后来一直称中原王朝为舅，而中原王朝答诏则称之为外甥，双方通过历法授受再认这种既有的联系。

此外，沙州曹氏政权也接受宋的颁历，奉其正朔。据邓文宽研究，敦煌地区瓜、沙二州，唐德宗兴元以前一直用唐历，吐蕃攻陷敦煌地区以后，王朝权力象征的历日无法颁行到那里，从这时起敦煌地区开始自编历日，即所谓"小历"。张氏归义军时期由于中原战乱，统治力量无法辐射到敦煌地区，也无力向敦煌地区颁历，敦煌仍使用本地编的历法，现存敦煌遗书中的历日，大部分就是这种敦

---

① 《长编》卷一五〇，庆历四年六月戊午条，第 11 册，3651 页。

② （清）徐松辑：《宋会要辑稿》蕃夷四之六，第 8 册，7716 页。

③ 《赐甘州回纥天圣五年历日敕书》，见《宋大诏令集》卷二四〇，944 页。纥、隔为同音字。

煌本地编的小历，这种情况一直持续到入宋后数十年。① 建隆二年
(961)，归义军节度使曹元忠遣使入贡；太平兴国五年(980)，归义
军节度使曹元忠卒，其子曹延禄遣使入贡，宋让其继任归义军节度
使，对沙州曹延禄的拜官诏书中称："奉正朔以惟恭，修职贡而不
怠"②，大概就是在这前后宋王朝开始向敦煌地区颁历，敦煌地区
又开始有中原王朝正式颁赐的历法，敦煌遗书中 S.0612"宋太平兴
国三年(978)应天具注历日"是来自中原的历日③，其正文首书"大
宋国"，下有"王文坦请司天台官本刊定大本历日"字样，其底本可
能就是宋的赐历。宋朝官方所颁印历日分为大本和小本两种，"小
本依年例令榷货务雕印出卖，大本止是印造颁赐"④，可见大本历
日是用于朝廷颁赐，一般不在民间作为商品流行，S.0612"王文坦
请司天台官本刊定大本历日"应该就是以朝廷颁赐敦煌地区的大本
历日为底本雕印的。

这种颁历可能一直持续到宋仁宗景祐三年(1036)西夏攻陷敦煌
地区前后。即使西夏攻陷敦煌地区以后，沙州也曾多次遣使入贡，
保持与宋朝的联系；与此相应，宋朝的纪年还在使用，敦煌莫高窟
第 444 窟窟檐外北壁，保留一则淡墨汉文题记："庆历六年丙戌岁
十二月座□神写窟记也"，庆历六年(1046)距西夏攻占沙州已十年，
仍使用宋朝纪年而不用西夏纪年，表明敦煌仍认同于中原的大宋王
朝。这种联系一直保持到皇祐四年(1052)，此后沙州就没有再向宋
遣使入贡，宋朝纪年的题记也不再出现，而西夏纪年的题记开始出
现，最早的西夏纪年题记是一则汉文墨书"天赐礼盛国庆二年"的题

---

① 邓文宽录校：《敦煌天文历法文献辑校》，2～3 页，南京，江苏古籍出
版社，1996。

② 《沙州曹延禄拜官制》，见《宋大诏令集》卷二四〇，943 页；(清)徐松
辑：《宋会要辑稿》蕃夷五之一，第 8 册，7767 页。

③ 邓文宽录校：《敦煌天文历法文献辑校》，513 页。

④ (清)徐松辑：《宋会要辑稿》职官一八之三一，第 3 册，2770 页。

记，位置在莫高窟第444窟宋开宝九年所修窟檐门南柱内侧。天赐礼盛国庆是西夏惠宗李秉常的年号，国庆二年是1071年。这时距西夏攻占沙州地区已经三十余年，西夏纪年取代宋朝纪年表明西夏到这时才更有效地控制了敦煌地区，而宋朝对敦煌地区的政治影响力则逐渐消失。① 唐、宋对敦煌地区颁历的变化从一个侧面反映了中原王朝势力在这一地区的消长。

宋朝通过历法颁赐确立与周边民族政权的权力关系，每年举行的这一象征性权力仪式强化了这种关系。这种处于共同时间节律、宇宙秩序的认同感受，建构起一种以中原王朝为中心的朝贡体制的文化基础。

二、历法之争：时间厘定中的天命竞争

辽"授历颁朔二百余年"，据《大辽古今录》称辽圣宗统和十二年（994）开始向高丽颁正朔。② 宋朝周边强大的民族政权崛起，这些民族政权颁定自己的历法正朔，与宋朝在颁历这一象征性资源上展开争夺，形成了多元竞争的颁历格局，折射出汉唐单一中心的朝贡体制和文化认同体系受到的挑战，这是宋朝不同于以前的局面。

宋神宗已经留意宋朝历法与邻国的异同，命提举司天监集历官考算奏闻"辽、高丽、日本国历与本朝奉元历同异"③，这种对比考量背后应当有各政权间颁历竞争的背景，但事实上已承认"本朝"只是众多颁布正朔政权中的一家。《辽史·历象志》据辽耶律俨等著作详考辽、宋、高丽朔闰的异同，同样关注到了当时并立的颁历中

① 刘玉权：《西夏时期的瓜、沙二州》，见白滨编：《西夏史论文集》，209～229页，银川，宁夏人民出版社，1984。

② （元）脱脱：《辽史·历象志上》卷四二，第2册，517～518页。

③ 《长编》卷二九五，元丰元年十二月辛丑朔条，第21册，7177页。

心。宋朝力图在历法上比周边少数民族政权更优越，准确的历法象征着更能代表天意，是天命所归的重要证据，宋朝与辽、金等周边民族政权在颁朔布正上充满了竞争，宋朝频繁的改历也有这种历法竞争焦虑的背景。宋宁宗年间改历颁定《统天历》《开禧历》，其中一个原因就是传言北方金人的历法已经领先。① 辽、金等也通过改历等手段不断完善历法与宋朝竞争，辽最初使用五代后晋的《乙未元历》，后来辽圣宗统和十二年改用《大明历》；金天会五年（1127）司天杨级造《大明历》，金天会十五年（1137）颁行，金大定年间又重修《大明历》。② 辽的《大明历》和唐历关系密切，可能是由《宣明历》改造而来，因名为《大明历》而与刘宋祖冲之的《大明历》混淆，致使《辽史·历象志》照录《宋书》所载祖冲之《大明历》③；金的《大明历》据史载是增损宋的《纪元历》而成。④ 周边民族政权在对外征服战争中将历法推行到被征服地区，同样将奉正朔视为实现治权的重要表现，而且在历法颁定、正朔确立上与宋朝充满了竞争。从文化上讲，辽、金的历法是沿用或借鉴中原王朝的历法，它们与宋朝的竞争属于华夏文明历法系统内不同体系的竞争，所以不是削弱了华夏历法的影响，相反通过颁历竞争更强化了华夏历法体系，使之在东北亚地区保持了持久的影响力，形成强大的文化认同。

历法所厘定的象征性权力秩序是宋朝与周边民族政权交往中共同遵循的，按规定的时间朝贡，是这一权力结构存在延续的象征，

---

① （宋）陈振孙撰：《直斋书录解题》卷一二，徐小蛮、顾美华点校，368页，上海，上海古籍出版社，2015。

② （元）脱脱：《辽史·历象志上》卷四二，第2册，517~518页；（元）脱脱：《金史·历上》卷二一，第2册，441~442页，北京，中华书局，1975。

③ 严敦杰：《辽历志疑》，载《读书通讯》，第127期，1947年2月，12~13页；邱靖嘉：《〈辽史·历象志〉溯源——兼评晚清以来传统历谱的系统性缺陷》，载《中华文史论丛》，2012(1)。

④ 陈遵妫：《中国天文学史》，1059页，上海，上海人民出版社，2006。

宋朝对此非常重视。熙宁十年（1077），沈括、卫朴的《奉天历》据实测将闰十二月改为闰正月，这在技术上来讲是正确的，但却引发很大争议，其中一个主要的反对意见就是考虑到外交往来上造成的不便："四夷朝贡者用旧历，比来欺塞"①。改变历法就意味着改变时间坐标，打乱既有的象征性权力秩序，必然引起外交上的一系列麻烦，当然会遭到反对。

宋与辽、金的冲突除战争以外，在历法颁赐、正朔确定等象征性权力资源上也充满竞争，即使相对和平时期的交聘往来中，关于历法细节的差异，如朔望的不同等问题上经常引发争执，有时双方历法确定的朔望日期仅差一两天，但引发的外交争议却很严重。在有些看似简单的历法技术性问题争议的背后，是宋与辽、金在谁拥有上天赋予的制定时间坐标的象征性权力之争，也是各政权间天命竞争的一种形式。所以，双方在外交活动中对历法问题都异常谨慎，外交使团有时由精通历法的官员率领，随团还带有司天人员，以备顾问历法问题。精通天文的沈括、苏颂皆曾出使辽国，绝非偶然。

> （苏颂）使契丹，冬至，其国历后宋历一日，北人问孰为是。颂曰："历家算术小异，迟速不同，如亥时节气交，犹是今夕；若踰数刻，则属子时，为明日矣。或先或后，各从其历可也。"北人以为然。使还以奏，神宗嘉曰："朕尝思之，此最难处，卿所对殊善。"②

---

① （宋）沈括撰：《梦溪笔谈》卷七，金良年点校，59 页，北京，中华书局，2015。

② （元）脱脱：《宋史·苏颂传》卷三四〇，第 31 册，10863 页。另见（宋）叶梦得撰：《石林燕语》卷三，宇文绍奕考异，侯忠义点校，45 页，北京，中华书局，1984；（宋）张邦基撰：《墨庄漫录》卷二，69 页，孔凡礼点校，北京，中华书局，2002。

　　宋辽的交聘往来中关于历法的争议是常事，这次由于宋辽两国历法对冬至的确定日期相差一天，双方对于确定在哪一天进行贺冬至的外交庆贺仪式产生了疑问。宋朝使者按宋朝历法的冬至日庆贺，辽历法冬至晚一天，故认为时间未到，辽馆伴使不予接受，双方对此产生了分歧，辽带有挑衅性地提出究竟哪一个历法正确的问题。这样的问题隐含了谁的象征性权力更具合法性的诘难，如何回答直接关系到国家尊严，要成功对付这样的问题必须既不伤国体，又要能折服辽国，这对使臣是一个不小的考验。如果不懂天文历法，这样的问题很难圆满应付，苏颂以其高深的天文历法造诣，巧妙地岔开了这个问题，他将这种差异归于历家计算误差这样的"技术细节"，从而取消了要分出高低胜负的问题，以"各从其历"来解决这一问题。这样的回答既得到辽的认可，避免不必要的外交纠纷，又在外交中不失国体。宋神宗深知这种问题背后的分量，也认为这种问题是最难应付的，回答不好或有失国体，或引起外交纠纷，宋神宗充分肯定了苏颂的回答，天文历法的造诣帮助苏颂成功地应付了外交难题。进一步分析，无论苏颂的回答还是神宗的认同再次证明汉唐统一颁定历法的权力中心已不存在，宋朝只是众多颁历政权中的一家。

结　语

　　王朝以天文历法、正朔颁历为表现的厘定朝贡体制时空秩序的行动，其实是朝贡活动非常重要的方面。宣布正朔的特权是拥有上天赋予的治权的一种象征，历日颁赐是王朝行使上天赋予的权威制定时间节律的一种象征性统治权力，而接受正朔就是承认王朝的统治权，是认同这种统治秩序的象征。由朝贡中心发出的历法的正确性是这一中心为上天认可的标志，也是其治权在天命上得以成立的重要证明。正朔发布与接受，包含了王朝建构的统治秩序在象征仪式层面的确认，保障这种确认就是王朝治权的体现。每年重复的颁正布朔的象征性仪式不断强化既有的朝贡格局。

历日颁赐建立起一种权力确认和再生产的模式，同时它也是一种维系文化认同的方式。在宋朝的想象中，外藩奉正朔不仅是一种政治上的臣服标志，而更重要的是给予他们得以接触华夏文明的恩典。"通九夷八蛮，亦冀悉沾于正朔"①，"沾"有沾光的意思，显示了中原王朝华夏文明的优越感。而对周边民族政权而言，奉正朔既出于对地缘政治格局消长的现实考虑，也包含了对中原王朝礼乐制度的文化认同；辽、金虽然自己颁布正朔，并与宋朝展开颁历竞争，但从制历到颁布都深受中原王朝的影响，这其实是出于对中原王朝的一种模仿。

附：

图 1　俄藏黑水城文献 Инв. No. 7962
"大白高国光定甲戌四年乙亥五年御制具注历"
（出自《俄藏黑水城文献》第 10 册，第 143 页）

---

① （宋）李梅亭：《谢宣赐历日》，见（宋）佚名：《翰苑新书后集》卷二三，收入《景印文渊阁四库全书》第 949 册，654 页。

多极朝贡体制下时空秩序厘定的争夺：
以南宋、金历法正朔竞争为中心

朝贡体制是古代东亚世界秩序确立的基本方式，这一体制除了具体物质性的贡赐、等级的厘定以外，背后还有复杂的天命象征性资源的生产、交换、竞争，在这些象征性资源中很重要的就是厘定时空秩序的权力。颁定历法实际上就是取得建立统一时间坐标的权力，接受赐历就表明承认这种时间坐标，所有的活动也随之纳入这种时间体系中，中央王朝向周边民族政权的历法颁赐实际上是推行统一的时间标准，这一标准即使朝贡等活动得以在共同的时间序列下展开，同时也厘定了与周边民族象征层面的政治权力关系。于是，在中央王朝厘定的时间序列上展开的朝聘往来等外交活动建构起了对朝贡体制的认同。

10—13 世纪，汉唐定型的朝贡体制产生了一些变化，东亚世界产生了宋、辽、夏、金、蒙古几个相互竞争的朝贡中心，朝贡体制由单极向多极变化。各中心均有自己历法颁赐、正朔所及的藩属范围，而各中心"敌国"之间也在厘定时空秩序的历法颁赐和正朔颁定方面展开竞争，这一竞争是不同中心时空厘定标准的权力比拼，背后其实是列国实力的较量以及争夺天命象征性资源的斗争。本章以南宋、金之间围绕历法和正朔展开的较量，探讨这一时期多极朝贡体制下列国对时空秩序等朝贡体制中重要的象征性资源的建构和竞争。

一、南宋初年天文历法知识的散失与重建

宋金之际，宋人和金人都注意到天文历法是证明王朝天命合法性的重要资源，双方为此展开了争夺和竞争。金在攻入汴京时，大量掠夺天文仪器，连同司天台官员一起掳往北方。宋高宗重建政权的同时，非常关注重新获取天文历法知识所代表的天命证明。"王者通天"，作为一种神圣性资源，颁正布朔、预告日月食的天文历法知识可以提供政权合法性的直接证据，尤其是在金灭北宋，新的南宋政权亟待争取天命合法的象征性资源的背景下，天文历法知识在政权重建中就拥有非常重要的地位。由此，宋高宗重建政权一方面是对具体国家政权机构的重建，另一方面，也是对新政权的神圣合法性进行重建。新政权必须证明在金灭北宋以后，天命并没有钟情于金人，宋的天命并未断绝，宋高宗的南宋新政权就是赵宋天命的延续。王朝对天文历法知识的重建就是这种天命未绝的重要证明。南宋初年高宗开天文之禁，主持一系列天文历法的知识、机构、人员的重建就是在此背景下展开的。

金在攻入汴京时就已经注意到天文历法这种天命象征性资源，大量掠夺天文仪器、司天人员。司天台官员连家属一起被掳往北方，对于观测天象的仪器，金人很关注，"入城观合台星象"，坏司天台浑仪输军前、坏合台天轮输军前。[1] 宋的这些天文仪器多被运到金都城燕京：

> 金既取汴，皆辇致于燕，天轮赤道牙距拨轮悬象钟鼓司晨刻报天池水壶等器久皆弃毁，惟铜浑仪置之太史局候台。但自

---

① （宋）汪藻原著：《靖康要录笺注》卷一五，第 3 册，王智勇笺注，1603～1628 页，成都，四川大学出版社，2008。

汴至燕相去一千余里，地势高下不同，望筒中取极星稍差，移下四度才得窥之。明昌六年秋八月，风雨大作，雷电震击，龙起浑仪鳌云水跌下，台忽中裂而摧，浑仪仆落台下，旋命有司营葺之，复置台上。贞祐南渡，以浑仪熔铸成物，不忍毁拆，若全体以运则艰于辇载，遂委而去。①

这批天文仪器不是一般的战利品，它是金人通过战争掠夺宋朝观天制历的通天工具，从而剥夺宋朝通天资格的一种象征。金人把它陈列在燕京显示金国从此拥有通天的特权。② 宋朝周边强大的民族政权崛起，这些民族政权也颁定自己的历法正朔，与宋朝在颁历这一象征性资源上展开争夺，形成了多元竞争的颁历格局，折射出汉唐单一中心的朝贡体制和文化认同体系受到的挑战，这是宋朝不同于以前的局面。

宋高宗在经营南宋王朝的同时，极其重视观天仪器的重建，这毕竟关系到王朝观象授时的天命问题。吕颐浩在扬州陷落时曾收得散落的"浑仪法物二事"献诸朝；绍兴三年（1133）正月壬戌，"尚书工部员外郎袁正功献浑仪木式，太史局令丁师仁等请折半制造，许之"③。由于时事多故而未能成功。五月丙辰，命工部侍郎李擢提举制造浑仪，十一月甲戌工部郎谢伋建议，应当广求天文人才，"访求（苏）颂之遗书，考质制度"才能保证制造成功。④ 但浑仪最终也没能制造成功。

绍兴十三年（1143）十月庚寅，秘书丞兼国史院编修官严抑在转

---

① （元）脱脱：《金史·历下》卷二二，第 2 册，523～524 页。

② （宋）汪藻原著：《靖康要录笺注》卷一五，第 3 册，王智勇笺注，1581 页。

③ 《要录》卷六二，绍兴三年正月己巳条，第 1 册，812 页。

④ （清）徐松辑：《宋会要辑稿》运历二之一八，第 3 册，2153 页；（宋）王应麟辑：《绍兴浑仪》，见《玉海》卷四，118 页，京都，中文出版社，1986。

对中又一次提到重建浑仪之事。①

绍兴十四年（1144）四月丙戌，宋高宗命秦桧提举制造浑仪，诏有司求苏颂遗法来上，并将宫中制成的浑仪小范降出，“用以为式，但广其尺寸耳，遂命内侍邵谔专主其事”②。命秦桧提举造浑仪，并降出宫中小样，可见对此事重视程度进一步加强。直到绍兴三十二年（1162），终于造成浑仪，授太史局使用。

终宋高宗一朝，一直努力执着地制造浑仪。这一方面是观象制历的实际需要；另一方面，也是由于浑仪本身就是通天工具，拥有它也就拥有了通天的资格，这是古代君权神授的一个重要象征。所以，宋高宗在国祚极其艰难的情况下也非常关注天文仪器的制造，重铸被金人掠夺的浑仪，其中也隐含了在天命上与金人竞争的意味。

金人在金天会五年（1127）由司天杨级造《大明历》，金天会十五年（1137）春正月朔颁行，建立起象征王权颁正布朔的历法体系。此历“或曰因宋《纪元历》而增损之”③，看来是模仿宋的《纪元历》制造的，我们有理由认为被掳掠到北方的宋朝司天人员在金人造《大明历》时起到了重要作用。金大定十一年（1171）赵知微重修《大明历》，金大定二十一年（1181）赵知微验证月食超过现行《大明历》和耶律履《乙未历》，以后金就一直使用这一历法，后来又有了明昌新历，但也未实际采用。同时，自阿骨打天辅年号开始，金拥有独立正朔，并在占领地区开始推行。建炎四年（1130）正月，赵鼎看到来自虔州的奏报：“及录到虔州三省关牒：探报，抚州王仲山投拜，用天会年号，下属邑取金银牛马等。”④金正朔在长江以南的使用看来引起

---

① 《要录》卷一五〇，绍兴十三年十月庚寅条，第3册，94页。

② 《要录》卷一五一，绍兴十四年四月丙戌条，第3册，108页。

③ （元）脱脱：《金史·历上》卷二一，第2册，443页。

④ （宋）赵鼎：《建炎笔录》，见曾枣庄、刘琳等主编：《全宋文》第174册，338页，上海，上海辞书出版社，2003。

了南宋的极大关注。

山西屯留宋村金代墓葬出土了一份简便的金代历日实物，据邓文宽先生考证，此为金太宗天会十三年(1135)历日，其朔闰与南宋历法不同，但吸收了南宋历法的很多文化特点。① 一般认为，金天会十五年(1137)《大明历》颁定后金才有历法，屯留宋村金代墓葬历日尚在《大明历》颁定前两年，此时金已经有了不同于宋的历法，究竟这是什么历法还有待研究，但却说明金建国不久就已经在颁历上与宋展开竞争。还有一点值得注意，宋建炎年间，山西的义军还"皆用建炎年号"②，不承认金"天会"年号，认同南宋；仅过数年，金天会十三年(绍兴五年，1135)，同样在山西，民间墓葬中已使用金的历法，说明金对这些北宋故地的统治加强，人们的认同正产生微妙的变化。

北宋灭亡后，由于大量天文人才、资源被金人掳掠，"星翁离散"，连前朝的《纪元历》也亡佚了，王朝正朔颁定受到影响。绍兴二年(1132)朝廷才从民间购得《纪元历》，勉强可以沿用《纪元历》颁历，但由于技术和人员缺乏，历法错误不少。③ 宋高宗感叹："今历官不精，推步七曜细行皆不能算，故历差一日，近得《纪元历》，已令参考，自明年当改正。"④在感叹天文人才缺乏时，宋高宗内心用来对比的潜在对象就是金国，他曾言金人天文历法水平高是因为无天文历法禁令，"金人不禁，其人往往习知之"⑤。宋高宗的这一想法促成了天文政策的重大变化，那就是放开自宋初即严格执行的

---

① 邓文宽：《〈金天会十三年乙卯岁(1135 年)历日〉疏证》，载《文物》，2004(10)。

② (宋)熊克：《中兴小纪》卷二，见《景印文渊阁四库全书》第 313 册，806 页。

③ (元)脱脱：《宋史·律历十四》卷八一，第 6 册，1920 页。

④ 《要录》卷五五，绍兴二年六月甲午条，第 1 册，739 页。

⑤ 《要录》卷二八，建炎三年九月庚戌条，第 1 册，427 页。

天文历法之禁。这一开禁政策产生了深远影响，整个南宋时期民间历人非常活跃，士人研究天文历法也蔚然成风。宋高宗主张开禁也是为了培养民间天文人才，在天文历法方面和金人争胜。

由于官方的天文人才被金人掠走，天文人才尤为缺乏，南宋新政权只有转而依赖民间历人。建炎元年（1127），来自民间的河间府进士李季进《乾象通鉴》，宋高宗在御制序中对当时天文历法之学亡佚深为忧虑："所有内府图书半遭毁弃。皇考收藏苗训、马韶较录诸天文秘笈皆无可纪，星辰律度违错良多，非所以敬天而劝民也"，鉴于这种情况，宋高宗对国初的天文之禁有了一个新的解释："夫天文之学，往者曾有私习之禁。朕以为私习者，特图谶耳。夫图谶之术，乃公孙卿五利之流以之愚惑人主，故国有显禁。至天文灾异，其事具载史乘，其书为古今帝王之鉴，又安可得而禁乎？"①宋高宗认为私习之禁指的是图谶，不是指天文历法，这等于就给民间的天文历法研究开禁。其实古代天文、图谶二者本来就相互牵涉很难区分，但宋高宗区分天文、图谶的新解释给民间历人的历法研究提供了合法的保障，也为南宋朝廷大量征用民间历人参与朝廷制历提供了政策依据，民间历人由此成为建构历法知识的一个重要力量。

建炎三年（1129），为寻求《纪元历》，朝廷再次下诏免私习之罪："纪元历经等文字如人户收到并习学之家特与放罪，赴行在太史局送纳，当议优与推恩。"②朝廷不仅不追究民间私藏天文历法书之罪，还要给予献书者推恩奖励，这与北宋时期禁止民间私习天文已大不相同。

与开禁同步的是对民间历人身份的承认，朝廷从制度上确保民

---

① （宋）李季：《进〈乾象通鉴〉疏》，见（清）莫友芝撰《宋元旧本书经眼录　持静斋藏书记要》，邱丽玟、李淑燕点校，83～84 页，上海，上海古籍出版社，2009。

② （清）徐松辑：《宋会要辑稿》职官三一之五、六，第 3 册，3003～3004 页。

间历人合法进入国家天文历法机构。绍兴三年(1133)十一月二十九日诏，允许民间历人投试太史局额外学生。这一政策从法律上肯定了民间历人的合法身份，他们不再是私习天文的罪人，而是有资格参与考试，正式进入国家司天机构的人。这一政策也给民间历人以合法进入国家司天机构的机会，这一机会以前一直为司天人员世袭垄断。绍兴十年(1140)八月、绍兴十二年(1142)十月、绍兴十二年十二月以及后来宋孝宗淳熙元年(1174)十二月朝廷又多次重申这一政策。① 当时投考司天局的考试内容：试历算者，"于《宣明》《大衍》《崇天》三经大历内，能习一经，气节一年"；试天文者，"试验在天二十八宿及质问天星"。② 民间历人考试通过即补司天局额外学生。招纳民间历人和天文开禁一样，也是要在天文人才上与金人争胜。

正是由于宋高宗天文开禁、任用民间历人、重建观天仪器等措施，南宋在较短时间内恢复了制历和颁历。绍兴五年(1135)二月，由于《纪元历》测日食不验，常州布衣陈得一由侍御史张致远推荐于朝廷，朝廷遂命陈得一造新历，并下诏川陕宣抚司寻访眉州精晓历数人③，可能是要从民间征召历人辅助造历。这年八月历成，此即南宋王朝自制的第一部历法《统元历》。宋高宗急迫改历的原因可能是：此年正月朔日食，月末，金太宗卒，在金看来是应天变、得天命，可谓死得"恰如其时"；而且《纪元历》推日食，不准，失天。二者都增加了宋高宗的天命紧张感，所以二月即命陈得一造新历。南宋时期，这种历法焦虑一直很明显，宋人一度认为金的历法水平超过自己，这让南宋朝廷极其关注历法，推动改历：

---

① （清)徐松辑：《宋会要辑稿》职官一八之八八、八九、九〇、九一，第 3 册，2798～2800 页。

② （清)徐松辑：《宋会要辑稿》职官一八之九〇，第 3 册，2799 页。

③ 《要录》卷八五，绍兴五年二月丙子条，第 2 册，184 页。

金《大明历》一卷。金大定十三年所为也，其术疏浅，无足取，积年三亿以上，其拙可知。然《统天》《开禧》改历，皆缘朝论以北历得天为疑，贵耳贱目，由来久矣，实不然也。

《开禧历》三卷、《立成》一卷。大理评事鲍澣之撰进，时开禧三年。诏附《统天历》推算，至今颁历，用《统天》之名，而实用此历。当时缘金人闰月与本朝不同，故于此历加五刻。天道有常，而造术以就之，非也。大抵中兴以来，虽屡改历，而日官浅鄙，不知历象之本，但模袭前历，而于气朔，皆一时迁就尔。①

宋开禧年间，在对金北伐的同时，陈振孙认为宋朝廷误传金人在历法上优胜，这促使朝廷积极推动改历，不仅力图在军事上战胜金人，在这一天命象征上也要超过金人。其实，南宋这一时期历法的差错严重也是事实，据学者研究，《统天历》所取交食周期、食年长度、赤道岁差值均有严重误差，回落到东汉前期历法水准上去了，所以推测日食屡屡出错，开禧改历也势在必行。② 至于说当时有人认为金人历法超过宋朝，这可能确为误传，金当时行用的改定《大明历》也有不少问题，明昌年间金就准备改历。不过，陈振孙以金大定十三年(1173)的历法来评判金泰和年间的历法是不对的，因为金大定十三年用的是《大明历》，金泰和年间用的是赵知微改定的《大明历》，后者水平比前者高。但无论如何，宋人在历法出现差错时，焦虑投射对象就是其历法竞争的"敌国"对手，其间的较量是长期的。

宋高宗重造天文仪器、开天文之禁、广收民间天文人才、恢复

① （宋）陈振孙撰：《直斋书录解题》卷一二，徐小蛮、顾美华点校，368页。

② 陈美东：《中国科学技术史·天文学卷》，511~512页，北京，科学出版社，2003。

司天机构设置，这一系列措施是在王朝重建过程中，在与金人争夺天命象征性资源的背景下，重新确立天人关系，承续天命的表现，而后来和金在历法方面的争胜，这都是宋高宗等经营南宋王朝的重要方面。

二、南宋颁历与宋金交聘中的历法竞争

南宋王朝的时间厘定分两个方面：一是向认同其统治的南方藩属交趾等颁赐历法，宣示其宗主地位；二是与北方"敌国"（金）展开的历法竞争。

从认同宗主地位的藩属领地来看，南宋正朔所及范围非常有限，主要是对交趾等南方民族政权颁历，这些历法正朔授受形成了以南宋为中心的一个朝贡体系。北宋灭于金人，南宋在仓促中建立，交趾仍保持对宋的朝贡，建炎四年（1130）交趾即入贡。大概在绍兴二年（1132）以后，南宋开始向交趾颁历，如绍兴三年（1133）赐交趾历书《赐交趾郡王李阳焕历日敕书》①。此前一年，宋高宗刚获得《纪元历》，开始颁历，所以这应当是南宋最早的颁历。

南宋对交趾赐历一直延续，淳熙三年（1176）"宰执奏赐安南国历日"②；淳祐六年（1246），时任权广西运判兼提点刑狱的董槐与交趾相约五事之一就是奉正朔③；庆元三年（1197）朝廷还在讨论关于对交趾赐历迟滞的问题："庆元三年四月十一日都省言：每岁颁

---

① （宋）沈与求：《赐交趾郡王李阳焕历日敕书》，见《沈忠敏公龟溪集》，收入曾枣庄、刘琳主编：《全宋文》第 176 册，226 页。

② （清）徐松辑：《宋会要辑稿》蕃夷四之五一，第 8 册，7739 页。交趾为古南越之地，西汉为交趾郡，东汉置为交州，唐至德改为安南都护府，故交趾、交州、安南均指其地。宋一般称其为"交趾"或"交阯"，在所赐封号中也使用"安南"。

③ （元）脱脱：《宋史·董槐传》卷四一四，第 35 册，12430 页。

降安南国敕书历日系吏部差短使使臣管押前去，近据广西转运司申，庆元三年历日，管押使臣竹端到司迟滞，合行措置。诏今后颁降安南国敕书历日，于枢密院使臣内依名次差拨管押前去，须管依程限赴广西运司交割，毋得稽滞，仍令本司具已到月日，先次申尚书省"①。本来颁赐交趾历日归吏部管，但因为路途遥远而迟滞，朝廷就将颁赐之事交由枢密院专管，限日程运到。可见一直到南宋后期，仍保持对交趾的赐历。② 淳熙十年（1183），次年甲辰岁历有误字，朝廷赶紧令礼部重新印造，以颁诸安南国，司天造历负责人员吴泽、李继宗、荆大声因此被削降有差。③ 因为颁赐周边民族政权的历日是宋王朝拥有天命统治周边民族的象征，其中出现错字，必然损害这种权力象征的神圣性，所以朝廷要重新雕版印制，足见朝廷对赐历安南等周边民族政权的重视。

颁历本身不仅是一本历书的授受，背后有确立等级秩序等朝贡体制中很敏感的问题，对交趾颁历也涉及如何厘定交趾地位等级的问题。宋对交趾的册封有既定次第："其始嗣立，则封交趾郡王，中间数年以后则封南平王，及其身后则追赠南越王，自太祖、太宗至于累朝必加三命，未之或改者，盖以安南本交州内地，实吾藩镇，因仍世袭，使护安南一道，非他外邦，自有土地人民，不尽臣之比也。所以渐次封爵，时示恩荣，其羁縻制御之道。"④此即"三命成规"：始封交趾郡王，进贡数年后改封南平王，死后追赐南越王。宋绍兴年间，交趾就曾借赐历的机会要求"升国王"，"惟安南道，世守条要。朝廷颁历，付广西漕。其用印章，本朝所赐。故事

---

① （清）徐松辑：《宋会要辑稿》蕃夷四之五五、五六，第 8 册，7741 页。

② 一直到近代，越南地区仍一直使用中国的历日，这种持续千年的历法颁赐对其文化的影响是非常深远的，由此积淀、塑造了对华夏文明的深刻认同。

③ （元）脱脱：《宋史·律历十五》卷八二，第 6 册，1937 页。

④ （宋）韩元吉：《蔡洗等集议安南国奏状》，见《南涧甲乙稿》卷九，收入《景印文渊阁四库全书》第 1165 册，119 页。

且在，非一朝夕。是岁辄然，求升国王。凡厥移文，改刻印章。边吏以闻，庙堂变色"①，其中所谓"条要"就是对交趾统治者三命追赐为王的既定规章，此时安南李天祚想直接晋升为王，当然引起朝廷不满，派人斡旋以后，李天祚接受既定规章。绍兴二十五年（1155）进封南平王，这还在规章以内。淳熙元年（1174）二月，李天祚自南平王特封安南国王，此生前封王已经突破成规，是宋孝宗笼络天祚的"异恩"。这样留下的麻烦是李天祚死后，其子李龙翰即位，朝廷是否承认他继承安南国王，不必经过三命。李天祚于淳熙二年（1175）冬天死，淳熙三年（1176）八月应当起草赐历安南诏书，事情迫在眉睫，大臣一般认为应该守三命成规：

> 今来李天祚既薨，其子龙翰嗣袭，自合遵用祖宗旧章，以行封爵。恭惟圣慈渊虑，乃使臣等定议，岂以淳熙元年曾以天祚为安南国王，已有国名，疑其礼亦异数故耶。臣等闻朝廷昨以安南国王命天祚者，初非其国抗章有请，特以贡献驯象、方物，守藩岁久，锡之此名，以宠天祚而已。安南本都护之称，非可名国，而南越之封甚大，自汉以来用之，则天祚既没，宜用典故，追赠南越王可也。其子龙翰，虽云嗣袭，然未有功勋，亦宜只遵典故，所加节钺官称，初封交趾郡王，庶为允当。若朝廷谓已曾锡之安南，国名不可虚设，则宜去其安南都护，稍加以为知安南国事足矣。②

周必大记载都堂集议赐历交趾相关的称号使用问题，安南为都护之名，淳熙元年（1174）宰执失误，以安南道为安南国，交趾顺势在国书中自称为国，既然是安南国王，继位者理所当然可以称国

---

① （宋）胡铨：《广东经略余公墓志铭》，见《胡澹庵先生文集》卷二七，收入曾枣庄、刘琳主编：《全宋文》第 196 册，118 页。

② （宋）韩元吉：《蔡洸等集议安南国奏状》，见《南涧甲乙稿》卷九，收入《景印文渊阁四库全书》第 1165 册，119 页。

王，不必遵守"三命成规"。这是外交疏忽造成的麻烦。看来最终朝廷还是认同李龙翰直接继承安南国王的称号，但仍需体现一定级差，以周必大当制，进行了"技术处理"来弥补：

> 淳熙丙申八月乙未，都堂召议赐交趾来年历日诏书。予谓："李天祚去冬已薨，龙翰未经封拜，欲作'安南国王嗣子龙翰'。"执政然之。先是，予以兵部职事，条具天祚赠典。按故事：其王初立即封交趾郡王，久之进南平王，死则赠侍中、南越王。上以天祚自绍兴丁巳嗣位，今四十年，淳熙元年二月又自南平王特封安南国王，故欲厚其礼。予请仍赠侍中，追封南越国王。诏可。以安南为国，盖曾丞相之失。闻奏章行移，旧止称安南道，加封之后，浸自尊大，文书称国，不复可改。丁酉三月二十四日，制授龙翰静海军节度观察处置等使、特进、检校太尉、兼御史大夫、上柱国、安南国王、食邑三千户、食实封一千户，仍赐推诚顺化功臣。予适当制。①

虽然朝廷封李龙翰为王，但赐历诏书对龙翰的称号做了微妙的修饰，《赐安南国王嗣子李龙翰淳熙四年历日勅书》中没有直接称其"安南国王"，只称其为"安南国王嗣子"②，虽然这个称号比较模糊，但毕竟还是体现了一些级差，龙翰当然对此不好异议，因为一年后就可去掉"嗣子"，直接称王。后来，嘉定七年李昊旵即位，真德秀当制赐历，也称其为"安南国王嗣子"——《赐安南国王嗣子李昊旵嘉定七年历日勅书》。由"安南国王嗣子"进"安南国王"，这也成为南宋对交趾的一种新规制，而与北宋不同。

---

① （宋）周必大：《淳熙玉堂杂记》，见上海师范大学古籍整理研究所编：《全宋笔记》第5编，第8册，293页，郑州，大象出版社，2012。
② （宋）周必大：《赐安南国王嗣子李龙翰淳熙四年历日勅书》，见《周益公文集》卷一一一，收入《四库提要著录丛书》集部，第19册，354页，北京，北京出版社，2010。

在与北方"敌国"（金）的交聘往来中，为争夺历法这种象征性资源，南宋与金的历法争议显得更具深刻意味。淳熙五年（1178），"金遣使来朝贺会庆节，妄称其国历九月庚寅晦为己丑晦。接伴使、检详丘崈辨之，使者辞穷，于是朝廷益重历事"①。而史浩碑传对此记载更详细：

> 是年金历以八月晦为九月朔，或言会庆节使人将先一日入境，请治历官。公曰："天道难测，未知孰是，而遽治历官，是自彰其失也，但当谕接伴使，若使人渡江，则当语以：晦朔尚可议，皇帝生辰则不可改。先一日乃是艺祖忌，后若欲行庆礼，当如旧期。"孝宗以为当，后皆如公之言。②

原来，按照淳熙五年（1178）历法，九月晦日与金国历法不同，日子差了一天。金贺生辰使不愿在宋历确定的日子上寿，而要依从金历的日子。这引起了很大的外交麻烦，宋孝宗本来要因此惩罚历官，史浩认为这样不就等于没弄清情况就贸然承认自己的错误，外交上就先输一招，不如先避开历法问题，只强调"皇帝生辰则不可改"，丘崈是按照朝廷议定方案执行，化解外交争端。

在宋孝宗生日会庆节这样的两国交聘外交活动中，历法问题是外交交锋中的一个内容，这种场合历法争论的胜负关系到谁有资格秉承天命，发布正朔的问题。金国使者可以在外交场合提出历法问题，宋朝接伴使可以沉着应对，并在历法辩论中战胜对手，可见双方的外交人员对历法知识都是有一定修养的。金国使者提出历法问题，很可能是预先设计好的外交攻势之一，其目的在于贬低宋朝的历法，言下之意就是宋朝没有资格承天命发布正朔；宋朝理所当然

---

① （元）脱脱：《宋史·律历十五》卷八二，第 6 册，1936 页。

② （宋）楼钥：《纯诚厚德元老之碑》，见《攻媿集》卷九三，收入《景印文渊阁四库全书》第 1153 册，436 页。

将这视为一种挑战，但似乎这种外交中的历法争论已在宋朝的预料之中，所以安排具有历法修养的丘崈担任接伴使，以应对金国使者的历法挑衅，并将这次历法辩论作为一次外交上的重大胜利。事后，有人认为是司天官员荆大声妄改甲午年十二月为大尽，故历法后天一日，导致外交争议。于是召集司天人员李继宗、吴泽以及礼部郎官吕祖谦等进一步探讨、测验，最终证明宋的历法"密于天道""信合于天"。① 金不久后改历，可能与这次事件有关。

为应对外交往来中的历法争议，司天伎术官随团出使，以备顾问，成为当时的一种制度。淳熙十四年（1187），"二月十三日诏，访闻今次贺金国正旦使副下三节官属内刘孝荣、李九龄……在北界争夺车仗及使酒喧闹，违犯约束，特将逐人回程所得成半恩赏折资钱更不施行"②，使副下三节官属是使团中包括天文、医药等伎术官的随从人员，此刘孝荣当是在孝宗、光宗两朝修造乾道历、淳熙历、会元历的司天人员，他在淳熙十四年以使副以下三节官属中天文伎术官的身份随贺金国正旦使团赴金，以备顾问天文历法。这种奉使金国使团中的伎术官是依资次籍定姓名，申枢密院后轮差。③

南宋大臣出使金国，也留意观察金国历法正朔，这毕竟是一次亲历另外一种时间厘定系统的体验。范成大出使金国，观察了金国的历法正朔：

> 其历曰《大明历》一道，亦遵宜忌日无二。亦有通行小本历头，与中国异者，每日止注吉凶，谓如庚寅岁正月二日出行、

---

① （元）脱脱：《宋史·律历十五》卷八二，第 6 册，1937 页；（宋）李心传撰：《总论应天至统天十四历》，见《建炎以来朝野杂记》卷五，徐规点校，589 页，北京，中华书局，2000。

② （清）徐松辑：《宋会要辑稿》职官五二之一，第 4 册，3561 页。

③ 使团中的医官派遣，按规定是"令翰林医官局将在局大方脉医官依资次籍定姓名，申枢密院轮差"，同为伎术官的司天人员也应以这种方式差遣。

乘舟、动土凶，拜官吉之类。而最可笑者，虏本无年号，自阿骨打始有天辅之称，今四十八年矣。小本历通具百二十岁相属某年生，而四十八岁以前，虏无年号，乃撰造以足之。重熙四年，清宁、咸雍、太康、太安各十年，盛昌六年，乾通十年，大庆四年，收国二年，以接于天辅。①

可见金的历法格式在许多地方与宋一样，"具百二十岁相属某年生"即列举一百二十年干支属相，这是从宋太宗年间历法开始的，是让白首之人再见所生年甲。所谓"通行小本历头"可能也和宋一样，宋朝官方所颁印历日分为大本和小本两种，"小本依年例令榷货务雕印出卖，大本止是印造颁赐"②，可见大本历日是朝廷颁赐，一般不在民间作为商品流行，"通行小本历头"是官方印造、流行于民间的。宋、金历法都是属于华夏历法体系，大同小异是显而易见的。范成大发现四十八年前金本无年号，自阿骨打改年号为天辅后才行正朔，重熙、清宁、咸雍、太康、太安、盛昌（寿昌）、乾通（乾统）、大庆（天庆）均为辽的年号，当时金奉辽正朔，天辅以前金用辽正朔以足一百二十年之数，不是范成大理解的"选造以足之"。所谓"可笑"的说法，不过是作为南宋使臣的范成大的文化优越感的表现。

南宋与蒙古的交往中，历法也是一个关注的重点。据到过北方的宋人观察，蒙古人的历法本来很粗陋，"草青则为一年，新月初生则为一月。人问其庚甲若干，则倒指而数几草青"③。作为游牧民族，对历法精确度的要求不如农耕民族，这大致符合事实，但在

① （宋）范成大：《揽辔录》，见上海师范大学古籍整理研究所编：《全宋笔记》第5编，第7册，16页，郑州，大象出版社，2012。

② （清）徐松辑：《宋会要辑稿》职官一八之三一，第3册，2770页。

③ （宋）彭大雅：《黑鞑事略》，见上海师范大学古籍整理研究所编：《全宋笔记》第7编，第2册，250页，郑州，大象出版社，2016。

与汉人、契丹人和女真人的交往中，蒙古人逐渐学会了用十二支辰、六十甲子纪年纪日；宋人还在燕京宣德州看到一种成册的蒙古历书，据说是移剌楚材（耶律楚材）自算自造自颁行的，不知这是否就是他所造的《西征庚午元历》。[①] 宋人对蒙古历法的描述反映出，宋人认为其简陋、无统一颁定，潜在地透出因自身历法完善带来的天命优越感。其实，蒙古人在征服过程中已经对历法及其象征意义有了关注，耶律楚材随成吉思汗西征，造《西征庚午元历》，"以中元庚午岁，国兵南伐，而天下略定，推上元庚午岁天正十一月壬戌朔，子正冬至，日月合璧，五星联珠，同会虚宿六度，以应太祖受命之符"[②]。这部历法虽未正式颁行，但仍可从其设定蒙古出兵征讨的庚午岁为中元以推上元的刻意之举，看出这是用历法为成吉思汗的征服附会天命含义。蒙古人在争夺土地的时候并没有忘记对历法这种象征性资源的争夺。

历法正误往往和国家的天命相关联，在元人眼中，南宋的灭亡是天命注定的，因为南宋历法的失误表明天命已经转移："尝闻先辈言，国初历庚午岁闰十一月，而宋历误置闰十月，今验之果然。夫闰月以定时成岁者也，置闰差则时不定、岁不成矣，宜宋之将亡也。"[③]元人认为，在与蒙古的竞争中，南宋的失败不仅是军事上的失利，更表现在历法这样的象征性资源的丧失上。置闰的误差表明南宋已不能代表上天意志颁正布朔，所以"宜宋之将亡"；蒙古的胜利也首先表现在拥有更准确的历法这样的象征性资源上，它在当时的语境中具有取得天命合法性的意味。历法象征性资源的所有权从

---

① （宋）彭大雅：《黑鞑事略》，见上海师范大学古籍整理研究所编：《全宋笔记》第7编，第2册，250页。

② （元）脱脱：《元史·历一》卷五二，第4册，1119~1120页，北京，中华书局，1976。

③ （元）傅若金：《书邓敬渊所藏大明历后》，见《傅与砺文集》卷七，收入《四库提要著录丛书》集部，第256册，404页。

南宋转移到蒙古，为元人理解元朝取代南宋找到了很有"说服力"的天命理由。

结　语

10—13 世纪，中国拥有几个相互竞争、边界变动的正朔颁布中心，与此多元时间标准颁布中心对应的是几个并立的朝贡中心。宋、金对峙期间，无论对藩属的赐历还是与敌国的历争，都共同构成了多极朝贡体制下时空厘定的不同层面。但总的趋势是在竞争中趋同，最终结果就是元朝建立以后正朔再度由中央王朝统一，朝贡中心也由多元归于一元，至元十八年(1281)《授时历》的颁行就是一元中心重新确立的标志。《授时历》集古代历法之大成，又有前人没有的多项开创，成为后世新法之源，一直沿用到明代，前后共行用364 年，可以说是我国古代使用最久的历法。①《授时历》的象征意义也是意味深长的，因为与此同时，13 世纪中叶以后，东亚的地缘政治格局重新厘定，包括安南、交趾、高丽在内的广大东亚地域继汉唐后又重新统一在一个正朔之下，这种情况一直延续到近代。一般来讲，《授时历》颁行的地区基本就是华夏朝贡体制有效运行的地区。时间标准的厘定和朝贡中心的确立密不可分，认识这种联系，有利于我们深入、全面理解华夏文明圈朝贡体制和文化认同形成、维系的一些特点。

---

① 陈遵妫：《中国天文学史》，1061 页。

从圣节看 12 世纪东亚的民族竞争与多元体制：以天申节等为中心

　　圣节作为皇帝的生日因其政治文化意义而被神圣化。与上元、中元等民间的、宗教的节日不同，圣节基本上是一种国家力量推动的政治性节日，正因为如此，从这种特殊的历法节日中，我们可以读出很多时代的信息。圣节作为皇帝的生日，又被称为诞圣节、圣诞节、虹节。一般认为圣节源于唐玄宗时代，五代以降，皇权力图取得更大的权威与控制力，皇帝的生日逐渐国家化，圣节称贺成为国家定制，并向地方扩展，形成一种由国家力量推动，自上而下，强化君主权威的全国性节日。宋、辽、金诸帝都将自己的生日取一个名字，定为圣节，如宋太祖生日为长春节。元朝则不再分别取名，统称为天寿节或圣诞节，明代则称为万寿节。圣节的规格越提越高，唐玄宗圣节受贺的花萼楼不是正殿；宋朝皇帝受贺的紫宸、垂拱、崇德等殿皆为偏殿，比之三大节中的冬至、元正御干元殿正殿规格为低；元、明时代，圣节上寿之礼移至正殿，提升到与冬至、元正之礼的同等规格。① 冬至、元正御正殿含有敬天顺时之意，是皇帝承受天命向天下颁布自然节律与时间秩序的一种仪式。而圣节是皇帝的私人性节日，宋元以降不仅充分国家化，而且逐步

---

　　① （清）秦蕙田：《圣节朝贺》，见《五礼通考》卷一四〇，第 5 册，叶 11～27；（宋）王钦若等编：《帝王部·诞圣》，见《册府元龟》卷二，第 1 册，20～30页，北京，中华书局，1960。

升高地位，提升到与敬天顺时等大礼同等的地位，这从侧面反映了皇权地位的加强。

如果说三大节中冬至、元正还与历法制定相关，作为皇帝生日的圣节则完全是人为规定的一个日子，不像冬至、元正具有纯历法意义上的重要性，但由于圣节制定是国家力量推动的，它在古代世界的时间编制中仍具有重要地位，是为强化皇权而建构的一个神圣的时间节点，从中也可以看出政治权力对时间编制的强大影响，而将圣节的时间神圣性推行到统治力量所及的地方是王朝政治力量实现的重要标志。12 世纪的东亚同时存在几个并立的政权，共享产生于唐朝的圣节传统，各政权都有自己皇帝的圣节，不同政权的圣节相互展开"竞争"。这背后其实是对天命资格和宗主地位的争夺。

这样，圣节就不再是皇帝的一个私人节日。首先，宋、辽、夏、金间的圣节朝贺，成为东亚多元中心体制维系的重要交聘活动之一，各国通过这种年复一年仪式化的圣节朝贺，强化相互间既定的等级秩序。其次，在国家层面上，它是作为一种国与国间外交交往的常规形式，其中复杂的冲突无不具有很深的民族情感、民族竞争的意味。这些竞争都会体现在圣节仪式的细微变化中，而从这些仪节的变化中我们也可以窥见当时维持或打破天下均势的局面。

一、圣节中的宋、金民族竞争

建炎元年（1127）五月，宋高宗在应天府即位，按照惯例接受宰臣之请，立生日五月二十一日为诞圣节，名为天申节。其时正值国运艰难之际，南宋朝廷前途吉凶未卜，宋高宗对天申节的处理也很低调，寝罢群臣上寿常礼，群臣只在佛寺中设祝寿道场，或到阁门、后殿拜表称贺。宋高宗在诏书中说："朕承祖宗遗泽，获托士民之上，求所以扶危持颠之道，未知攸济。念二圣銮舆在远，万民失业，将士暴露，夙夜痛悼，寝食几废，况以眇躬之故，闻乐饮酒，以自为乐乎？非惟深拂朕志，实增感于朕心，所有将来天申节百官上寿常礼可令寝罢。"①

建炎二年(1128)四月十六日己巳，诏天申节郡县锡宴勿用乐；建炎三年(1129)四月十六日，又重申因二圣未归，郡县锡宴勿用伎乐。②当时正值内忧外患之际，朝廷草创，没有精力与财力搞圣节庆典。宋高宗正确地估计形势，明智地采用一种低调的姿态处理天申节。诏书中特别突出民族危机，家国危亡，天申节这种皇帝私人节日很自然地与国家、民族命运相关联，这是宋高宗希望利用圣节来达到唤起民族意识，重建国家的目的。而且在天申节诏书中宋高宗不失时机地显示自己忧患图强，卧薪尝胆的"姿态"，这对当时鼓舞士气，增加新朝凝聚力是有一定作用的。天申节的低调姿态在南宋初年一直是作为一种节俭务实作风的象征，叶梦得称颂宋高宗："乃者天申节上寿，作乐抑而不行；贡奉之物非天地宗庙陵寝所须，却而尽罢；天下皆知陛下约己思艰之意，尧舜无以过。"③皇帝在天申节时带头约己思艰，以此戒饬地方凡事应从俭务实。这种低调的姿态一直维持到绍兴十三年(1143)。

南宋草创之际，对士大夫而言，是要在民族危机之中重建家国；对宋高宗而言，是要保住意外得到的皇位，树立皇权权威。在天申节中，皇帝私人生日已完全国家化，加之宋金之际民族矛盾激化的背景下，圣节既是皇权的象征，又是民族、国家的象征，天申节承载的意义变得丰富复杂。在与金的外交活动以及与地方武装的关系中，天申节是皇权的象征，更具有了民族尊严、民族认同等多

---

① (元)脱脱：《宋史·礼一五》卷一一二，第8册，2677页。

② (宋)王应麟辑：《礼仪·上寿·绍兴紫宸殿上寿》，见《玉海》卷七四，1429页；(清)徐松辑：《嘉礼三一·天申节一》，见《中兴礼书》卷二〇三，收入《续修四库全书》第823册，37页，上海，上海古籍出版社，2002。

③ (明)杨士奇编：《历代名臣奏议》卷三一六，见《四库提要著录丛书》史部，第90册，197页。

重含义。在这些场合中，天申节所代表的民族、国家、皇权是同一的。南宋初年的特殊时代，圣节庆贺很容易激起人们感时伤事的故国之叹与民族情感："漫说南风入舜弦，伤时抚事益凄然，愔愔新绿愁鸲鹆，悄悄残红拜杜鹃，心折更闻胡部曲，眼明那复御炉烟。蒜山瓜步江南北，宝鉴经囊若个边。"①黄彦平这首感咏圣节的诗应当作于南渡以后，诗人在天申节感事抒怀，其中包含的故国家园之感叹，以及伤痛失国的民族情感是我们完全可以感受到的。

"年年五月熟荔子，又见北使朝连昌"②，这是南宋人描述每年五月，金国使者贺天申节的诗句。金人遣使贺天申节始于绍兴十四年(1144)，"己巳，金主始遣骠骑大将军安国军节度使乌雅和、通议大夫行大理寺少卿孟浩来贺天申节。遣上珠一囊，金带一条，衣七袭，色绫罗纱縠五百段，马十匹，自是岁如之"③。圣节、元正、冬至三大节相互遣使来贺，是当时各政权间外交活动的一种常规形式。天申节来贺，表明金人不得不面对赵构建立起的南宋王朝，金人扶植楚、齐以统治汉人的策略看来并不成功。从 1129 年(建炎三年，金天会七年)到 1137 年(绍兴七年，金天会十五年)，《金史·交聘表》上没有宋金交往的纪录，看来这段时间宋金之间没有什么双方认可的高规格外交活动，而这段时间也正是伪齐政权(1130—1138)存在的时间。其间金的策略是扶植刘豫傀儡政权，消灭南宋。屡遭失败后，金认识到一时无法消灭南宋，所以放弃刘豫，转而与南宋接触。金与南宋之间高规格外交活动正是在伪齐政权垮台后第二年，即 1138 年(绍兴八年，金天眷元年)开始的。这一年金以河南地归宋，遣右侍郎张通古等诏谕江南。在此之前，赵构曾多次单

①　(宋)黄彦平：《圣节有感》，见《三余集》卷二，收入《宋集珍本丛刊》第39 册，457～458 页。

②　(宋)周紫芝：《次韵庭藻再赋天申节锡燕书事》，见《太仓稊米集》卷二六，收入《景印文渊阁四库全书》第 1141 册，178 页。

③　《要录》卷一五一，绍兴十四年五月己巳条，第 3 册，111 页。

方面遣使称臣，金不允，一意消灭赵构的南宋政权。至此，张通古诏谕江南，视南宋为附庸降国，但从赵构看来，媾和偏安终于可以实现了。绍兴十三年（金皇统三年，1143），宋使贺金主生辰万寿节①；绍兴十四年（1144）五月，金派乌雅和为使贺天申节。从金的角度来讲，既然承认赵构的南宋政权，许多事情还必须通过圣节朝贺之类外交活动来沟通解决，更重要的是每年的圣节也是强化金与宋之间主从关系的一种仪式。而宋称臣于金，只是宋高宗与秦桧等少数人的个人意愿，朝野对此多有不服，故力争在圣节仪式中不辱国体。于是在兵革相加的正面战场之外，圣节朝贺中的仪礼之争成为宋金外交交锋的另一个战场。

南宋对金的贺圣节使者优加礼遇，从入境伊始，即有接伴使迎接，入驻后有馆伴使陪同，离开时有送伴使护送。来去之时，皇帝都要遣使存问，宣赐牲饩、银盒、茶药、扇帕等物；上寿仪式以后，绍兴十八年（1148）"始燕射于玉津园"。此后，玉津园宴射成为专门款待金国使者的必行"故事"②，许多新的邦交仪规在双方交往中逐渐形成。

宋人这种主动殷勤的礼遇，表现了宋在与金的交往中处于劣势的臣服地位。当然，接伴使、馆伴使、送伴使实际也都带有监视、伺探的意味。宋金之间的地位高下差别明显，宋对金的国书是下对上的"表"，而金对宋的国书是上对下的"诏"。宋接受金国书时，金使可以上殿，宋高宗要从御榻下来，接受金诏书；而金接受宋国书时，宋使不能上殿，只能立于宫殿台阶下面，金国皇帝也不必亲自接受国书，而由阁门使下来接书，捧书的宋使单跪授书。③

---

① （元）脱脱：《金史·交聘表上》卷六〇，第5册，1402页。

② 《要录》："丙子，金主使龙虎卫上将军会宁尹萧秉温、昭武大将军充东上阁门使申奉颜来贺天申节，始燕射于玉津园，自是遂为故事。"（《要录》卷一五七，绍兴十八年五月丙子条，第3册，205页）

③ （元）脱脱：《金史·礼一一》卷三八，第3册，865页。

关于金国使者贺天申节的仪节，"有司言合照旧例：北使贺生辰圣节使副随宰臣紫宸殿上寿，进寿酒毕，皇帝、宰臣以下同使副酒三行，教坊作乐，三节人从不赴。既而三节人从有请，乞随班上寿，诏许之，仍赐酒食"①。按照北宋旧例，圣节上寿，除贺圣节正使、副使二人可以赴紫宸殿上寿外，其余人从皆无资格赴殿上寿。此时金人是以臣属降国视南宋，自然要求更高的礼遇，人从随班上寿、赐酒，从表面上看只是仪节的小小变化，其实是金人外交上的一次胜利，折射出金国对南宋的强势。宋高宗"诏许之"三字是隐讳之辞，其中包含了许多不得不接受屈辱地位的无奈。

宋金贺圣节等交往中，南宋所受的屈辱是比较多的。但南宋的史料中往往还不容易看出来，其缘故是宋人对这些记录做了"技术处理"，隐讳了许多屈辱的细节。秦蕙田对此看得很明白："建炎南渡，奉表称臣于金，而就藩封之礼。金使之来者以诏谕江南为名。《金史》载张通古为诏谕江南使，宋主欲南面，使通古北面，通古曰：'大国之卿当小国之君，宋约奉表称臣，使者不可以北面。'乃命设东西位，使者东面，宋主西面受诏，拜起皆如仪。当时金使入见仪注，大率如此。《宋史》讳其事，高宗所谓事从简便，旧日礼数岂可尽行者，特饰词耳。"②金使贺天申节，应当也是金居高临下，以藩属待南宋。宋高宗的饰词显示南宋与金国在圣节等交往中的劣势，背后其实也是两国实力强弱、实际地位等级的体现。但要保全皇权面子，宋高宗很需要这个饰辞。

金国的外国使者贺圣节仪式分为入见、曲宴、朝辞等步骤，金国定制，以宋为三班品，高丽、西夏为五班品，入见以宋、西夏、

---

① （元）脱脱：《宋史·礼二二》卷一一九，第 9 册，2811 页。

② （清）秦蕙田：《金使入聘》，见《五礼通考》卷二二六，第 7 册，叶 18。宋金国书礼仪之争参见赵永春：《关于宋金交聘"国书"的斗争》，载《北方文物》，1992(2)；赵永春：《宋金关于"受书礼"的斗争》，载《民族研究》，1993(6)。

高丽的秩序，朝辞以西夏、高丽、宋为秩序。这基本反映了诸国的实力和地位。[①] 使团的组成主要有使、副以及各类随行的三节人从，据《新订夏使仪注》规定西夏三节人从上节、中节各五人，下节二十四人，宋国使团三节规格人数应该比这个高。[②] 宋生辰使对待外交仪节非常谨慎，既要维护尊严，又不能过于奢求，以免引起外交上不必要的争端。贺圣节使团随行三节人从奉使曾一度可以自辟，"往岁奉使官得自辟其属，赏典既厚，愿行者多纳金以请"[③]。三节人从素质上参差不齐，容易引起麻烦，必须加强管理。绍兴十八年（1148）五月，"工部尚书詹大方言：近充贺大金生辰使，自入境待遇使人甚厚。及至大金阙廷，供张饮馔，一一精腆。臣已戒一行官吏，不得过有须索，窃虑后来三节人或有不识大体，责办供应，妄生语言，望严行戒饬，庶几邻好修睦，永久不替。诏今后使副及三节人并具知委状申尚书省"[④]。故詹大方在出使后上书希望戒饬今后贺金生辰使副及三节人从，严禁"责办供应，妄生语言"，引起外交纠纷。另外，从金人对待宋贺生辰使的待遇甚厚，我们可以推测金在绍兴和议达成初期，对双方确立的关系还是很看重的。保存在《平阳县志》（1926 年刻本）中的宋之才《使金复命表》，显示了绍兴和议达成初期的宋绍兴十五年（1145）宋使臣赴金贺生辰的情况。[⑤] 宋之才所言朝辞礼仪："早来殿上礼数，乃敌国之礼，如高丽、河西皆无此"[⑥]，这可能是指"夏、高丽朝辞之赐，则遣使就赐

---

① （元）脱脱：《金史·礼十一》卷三八，第 3 册，865～867 页。
② （元）脱脱：《金史·礼十一》卷三八，第 3 册，870 页。
③ （元）脱脱：《宋史·周执羔传》卷三八八，第 34 册，11898 页。
④ 《要录》卷一五七，绍兴十八年五月壬申条，第 3 册，205 页。
⑤ 周立志：《宋金交聘的新文献〈使金复命表〉研究》，载《北方文物》，2013（1）。
⑥ 平阳县志编纂委员会编：《平阳县志》，1012 页，上海，汉语大词典出版社，1993。

于会同馆。惟宋使之赐则庭授"①，庭授朝辞之赐确实显示高于西夏、高丽的邦交地位，至于宋之才讲到的"敌国之礼"，实际出于述职中的夸诞之辞。

绍兴三十年（1160），工部侍郎黄中充馆伴金贺天申节生辰使，按照规定的外交仪节，圣节锡宴，"使者谢于庭下"，金使以天气太热为由，请求只于庑下拜谢，黄中坚持不同意，执意让金人拜于庭下。这个小小的仪节之争被看作外交上的一次胜利，同时也被视为黄中个人了不起的业绩而被写入他的神道碑中。②

圣节中琐碎的仪节之争，因为有了宋金之间外交、实力较量背景，就显得非常耐人寻味。在这种语境下，即使最细微的仪节都被视为国家民族荣辱所系，关系到国家民族利益的得失。官员们在圣节的应对中都考虑到了这一层利害关系，所以必须小心谨慎。绍兴二十八年（1158），知泉州观察使知阁门事石清为馆伴副使，由于"饮醉慢易""在馆因酒与使客人从有语"等不慎行为，受到了"特与外任"的处理。③ 相反，右司户员外郎吕广问在与金使高景山、王全的交锋中，因处理得体而拜起居郎。④ 对圣节仪节的处理并不是一味生硬地坚持既定规则，南宋多数时候毕竟处于弱势，所以外交交往中需要更多的弹性和妥协，要求负责的大臣具有高超的外交智慧，既不有损国体，也不过分地刺激金使。黄中虽有执意让金人拜于庭下的强硬，但金使萧荣等人回程经过平江，"欲观姑苏台百花

---

① （元）脱脱：《金史·礼十一》卷三八，第 3 册，868 页。

② （宋）熊克：《中兴小纪》卷三九，见《景印文渊阁四库全书》第 313 册，1180 页；（宋）朱熹：《端明殿学士黄公墓志铭》，见《晦庵朱文公先生文集》卷九一，收入（宋）朱熹：《朱子全书》，第 24 册，4213～4223 页，上海，上海古籍出版社，合肥，安徽教育出版社，2002。

③ 《要录》卷一七九，绍兴二十八年五月戊寅条，第 3 册，531～532 页。

④ （宋）李以申：《吕待制广问传》，见（明）程敏政辑：《新安文献志》卷九三，第 3 册，何庆善、于石点校，2322 页，合肥，黄山书社，2004。

洲，非例也，中许之"①。金使在庭拜争议中失败，为了挽回面子，故意提出这样超出常规的"非例"要求。黄中虽有强硬的一面，但在处理外交仪节中，只要无伤大体，也有灵活、弹性、避免争端的一面。

南宋与金之间的圣节外交的冲突与较量，在金贺天申节使高景山、副使王全出使过程中表现得最为突出。绍兴三十一年（金海陵王正隆六年，1161），金海陵王完颜亮遣金枢密院院事高景山、右司员外郎王全为贺天申节使出使南宋。在此之前，完颜亮一直为南侵做战略准备，而南宋方面的决策者却未能对此引起充分注意。此前一年，出使金国的贺允中、叶义问均已觉察金欲背盟。②绍兴二十九年（1159），黄中贺金主生辰归来，提醒宋高宗金人徙居汴京，有南侵意图，希望早饬边备，但当时执政的是秦桧的党羽汤思退，不仅不加以注意，反而斥责黄中。绍兴三十年（1160），黄中为金贺圣节使送伴，归来再次提醒："闻金日缮兵不休，且其重兵皆屯中州，宜有以待之。"③但宋高宗始终对金抱有幻想，未能积极备战。

完颜亮南侵决心已定，高、王二人出使前，他事先为二人出使定出了调子，就是要寻衅以制造南侵之借口，完颜亮授意王全："汝见宋主，即面数其焚南京宫室、沿边买马、招致叛亡之罪，当令大臣某人某人来此，朕将亲诘问之，且索汉、淮之地，如不从，即厉声诋责之，彼必不敢害汝"④，并令高景山回来后奏报王全是否按授意行动。显然，完颜亮就是想通过圣节挑起事端，为南侵制造借口。

有了完颜亮所定的挑衅的调子，高景山、王全二人的出使从一开始就有意制造事端，不按外交惯例行事，外交仪节上的冲突接连不断。在军事冲突之前，外交对抗已经展开。高、王二人入境后，

① 《要录》卷一八五，绍兴三十年五月戊子条，第3册，634页。
② 《要录》卷一八五，绍兴三十年五月辛卯条，第3册，634页。
③ （宋）熊克：《中兴小纪》卷三九，见《景印文渊阁四库全书》第313册，1181页。
④ （元）脱脱：《金史·李通传》卷一二九，第8册，2784页。

"用故事遣中使黄述赐扇帕于洪泽镇北都馆。辞以乘船辄病，欲乘马。接伴使右司户员外郎吕广问力争，不从。久之乃至顿下。景山等举趾倨傲，述与之对揖，略不加礼。又遣人量闸面阔狭，沿淮顾盼，意若相视水面者。识者知其有败盟之意"①。量闸面阔狭，沿淮顾盼这些行动在天申节入贺这样的外交场合中极具军事挑衅意味，金败盟南侵之意表露无遗。接伴使吕广问力争，希望按既定仪节行事，这是南宋官员为维护国体尊严而进行的抗争。

金使入紫宸殿觐见奏事，冲突进一步升级："景山当奏事，自称语呐，不能敷奏，乞令副使王全代奏，帝许之。景山招全，全欲升殿，侍卫及阁门官止之，帝传旨令升。全升殿之东壁，面北，励声奏曰……"②副使代奏已属非常失礼的行为，而高景山在大殿上随意召人上殿，更属违反外交仪节的不敬之举，完全没把宋高宗放在眼里。侍卫制止王全升殿，也是力图规范仪节，维护国家尊严。王全所奏三事，一为索汉、淮之地，二为索将相大臣赴汴京议事，三为宣布钦宗死讯。当时朝野皆知三项要求是"挟难塞之请以衅我也"③。王全奏讫下殿，犹在下面哓哓不休："我来理会者两国事。"④使者在朝堂觐见时擅自言语，这也属于严重失礼的行为，带御器械李横约束王全："不得无礼，有事朝廷理会。"⑤这是侍卫在圣节外交场合维护国家尊严之举。宋高宗对此反应非常软弱，对王全的无礼只是说："闻公北方名家，何乃如是？"⑥后来宋高宗就躲在屏风后面哭泣，完全没有了主意，经刘炎等人奏请，才在外交仪

---

① 《要录》卷一九〇，绍兴三十一年五月丙子条，第 3 册，703 页。
② 《要录》卷一九〇，绍兴三十一年五月辛卯条，第 3 册，705 页。
③ 《要录》卷一九〇，绍兴三十一年五月戊戌条，第 3 册，710 页。
④ 《要录》卷一九〇，绍兴三十一年五月辛卯条，第 3 册，706 页。
⑤ 《要录》卷一九〇，绍兴三十一年五月辛卯条，第 3 册，706 页。
⑥ （元）脱脱：《金史·李通传》卷一二九，第 8 册，2784 页。

节上予以一定回敬：免使人奏事赐茶酒之礼，垂拱殿茶酒移就馆中排办，免玉津园宴射。①

贺圣节使高景山、王全所传递的信息在南宋朝野引起轩然大波，朝论汹汹，甚至传言宋高宗将幸蜀。黄中希望宋高宗正确看待此事："今幸天褫其魄，使先坠言以警陛下"②，正好提醒朝廷应当备战以应变。在野士人则反应比较激烈，太学生宋芑上书请求"诛其正使一人，尸诸通衢以声其叛盟之罪，此不惟可以挫彼之强，亦足以激吾之弱，乃释其副使一人，使归告其主"③。南宋朝廷最终对待此种外交挑衅的处理还是较为理智，除在宰相陈康伯的主持下做了一定防御布置外，对金国使者则按圣节既定惯例护送出国，"赐北使御燕于都亭驿，命尚书右仆射朱倬押伴从。例赐北使副酒四大金瓶果肴四大金棱犀皮合瓶合金器悉赐与之"④。圣节赏赐按既定仪节给予，毕竟金国尚未正式渝盟，双方外交还应在游戏规则内进行，这种外交游戏规则是当时国与国间长期交聘往来中逐步形成的一种强化既有势力格局的仪式，同时也是含有较多理性成分以解决国与国之间存在问题的外交磋商制度（手段），双方多数情况下是默认、遵循这种游戏规则的。其中频繁的礼仪之争，双方都心照不宣地知道那也是一种仪式化的东西。宋选择克制，遵从圣节外交仪式，可能是对金仍抱有幻想。

整个高、王二人圣节出使的过程充满了外交冲突，表面上看所争都是一些细微的外交仪节，但正是这些细微的外交仪节，放在圣节这个特殊的语境中都具有了非同寻常的意义，它所传递出的信息，包含了民族之间、政权之间的实力较量，和战选择等内容。天

---

① 《要录》卷一九○，绍兴三十一年五月辛卯等条，第 3 册，705～709 页。

② 《要录》卷一九○，绍兴三十一年五月甲午条，第 3 册，708 页。

③ 《要录》卷一九○，绍兴三十一年五月戊戌条，第 3 册，710 页。

④ 《要录》卷一九○，绍兴三十一年五月乙未条，第 3 册，709 页。

申节的外交冲突放在民族竞争的视野中，那些看似细微的、琐碎的仪节之争往往可以解读出时代的"重大"信息，高、王二人圣节出使数月以后，完颜亮即率大军南侵。

圣节中细微的仪节背后往往包含着尊严问题，双方对此都不含糊。宋宁宗庆元四年(1198)，假显谟阁学士兼侍读杨王休为金国贺生辰使，"过泗州，北书表初参，索使、副出笏，公令掌仪以礼折之，曰：'都管而下便服来参，乃欲使者以盛服相见，岂无等差耶？'竟受参如仪。至真定，谢酒果。金之中使忽谓使、副不当用皂背白领，盖北方朝仪皆用紫也。公曰：'本朝止用此服，且泗州、东京既用之，仪正如此。使以左衽至本朝，岂为不恭？'即麾三节人，退班终不能夺。"[1]金人想在服饰等仪节上压倒宋使，显示其强势地位，杨王休在出使圣节过程中与金人就服饰这样的细节展开了激烈交锋，其背后维护民族尊严的意味很明显。

某些物品放在圣节这样的背景下，往往被赋予了远远超出其本身的深厚内涵：

> 契丹有玉注碗，每北主生辰称寿。徽考在御，尝闻人使往来，知有此注，意甚慕之。自耻中国反无此器，遂遣人于阗国求良玉，果得一璞甚大。使一玉人为中节往辽，觇其小大短长，如其制度而琢之。因圣节，北使在庭，得见此注，目眡之久。归房，首问玉注安否，北朝始知中国亦有此注。女真灭辽，首索此注。及靖康金人犯阙，亦索此注，与辽注为对，今又不知归达人否？[2]

辽国圣节中展示的玉注碗首先是一种国家、民族的荣誉，一种

---

① （宋）楼钥：《文华阁待制杨公行状》，见《攻媿集》卷九一，收入《景印文渊阁四库全书》第 1153 册，403 页。

② （宋）张端义：《贵耳集》卷中，见上海师范大学古籍整理研究所编：《全宋笔记》第 6 编，第 10 册，307～308 页，郑州，大象出版社，2008。

财富的象征，并在圣节这一特定场合夸耀于其他国家。宋徽宗以无此玉注碗而感到耻辱，他想到的是契丹这样的外夷能够拥有，堂堂中国岂能没有，所以千方百计地制造出来。宋徽宗这种思维取向中，夷夏之辨、民族感情起了重要的作用。辽国使者也是在圣节场合中看到宋徽宗制造的玉注碗，很明显这是徽宗故意让他们看到的，让其知道玉注碗非辽国独有，其潜台词是中国土地无所不出，并夸耀于辽国，借以打击辽国的民族自豪感，这种思维取向仍是突出其民族优越感。辽国使者以为玉注碗已归宋朝，民族情感受到极大震动，归国后首先关注玉注碗的下落，可见对此的重视。金人兴起，灭辽与北宋，也是首先索要两国的玉注碗，把两国的玉注碗配为一对，视为民族征服的象征。我还猜测：可能蒙古灭金后，这对玉注碗已为蒙古所有。圣节中一个小小的玉注碗的命运，背后却包含了宋、辽、金三个国家间错综复杂的民族情感与民族竞争。

贺圣节的外交往来中，往往包含了国与国之间就某些问题进行的磋商谈判。南宋在宋、金交往中多数时候处于弱势，要维护自身利益，其外交难度就比较大。绍兴末年，宋金实力有了进一步变化，宋在与金的政治军事斗争中取得一些优势，这也立刻反映到圣节仪式中，绍兴三十二年（1162），完颜亮南侵失败被杀，金国政局不稳，宋趁机要求交聘中以平等的"敌国"之礼，洪迈于此年四月赴金贺万春节，以死相拼争取平等交聘礼仪，但未能成功。[1] 隆兴和议以后，宋虽经过艰苦的斗争，但是也未能从根本上改变交聘中的屈辱地位。南宋嘉定八年（金宣宗贞祐三年，1215）"三月壬申，宋宝谟阁学士丁焴、利州观察使侯忠信贺长春节。是月丙子，宋使朝辞，因言宋主请减岁币如大定例。上以本自称贺，不宜别有祈请，谕遣之"[2]。南宋贺金主生辰使利用贺长春节的机会提出减岁币，但金宣宗以称贺生日不讨论其他问题予以推托。此时已值金末年，

---

① （元）脱脱：《宋史·洪迈传》卷三七三，第 33 册，11570～11571 页。

② （元）脱脱：《金史·交聘表下》卷六二，第 5 册，1482～1483 页。

其实力远不如从前，南宋要争取自身利益尚不可能，更何况在金国的全盛时期。

圣节中的外交冲突往往引出很多麻烦，有时候为了避免这种麻烦，皇帝干脆找借口不与贺圣节使者见面，避免礼仪之争。淳熙十五年(1188)，宋孝宗在此前长期与金人的交聘礼仪斗争中未能取得实质成果，但又对此感到非常不甘心，所以就以为宋高宗服制为由（宋孝宗力排众议，要为宋高宗服三年之丧），罢免会庆节上寿之仪，免得在金贺圣节的交聘仪式中遭遇屈辱。加之上年京镗出使，与金国有礼仪之争，金使可能会加以报复，挑起礼仪之争。宋孝宗预先令大臣商议对付圣节中可能出现的礼仪之争，"将来十月已依典故免上寿，或使人坚执，礼当何如？此大臣合熟议，任责卿等详度定论，预期奏闻"，宰臣周必大回奏："臣等窃谓虏人遣使，盖遵常仪，许入见受书，彼必别无争执。上寿一节，事系本朝，自来使者不过随百官班拜舞于庭，其奉觞致词，初无所预，臣等已尝面奏，万一坚执，自可以理责之，臣等敢不任责。伏乞睿照"。周必大认为不大可能有礼仪之争，万一有争论，可以"理责之"。但宋孝宗不放心，皇帝要大臣们拿出应对可能发生的圣节礼仪之争的具体方案，对此回奏御批道："以理责之不从，当复如何？卿等未可易之，宜指定奏来，须详议数目"，见大臣迟迟没有方案奏上，宋孝宗下御笔催促："已令卿等预期详度，指定使人坚执礼数，尚未见具奏以闻"。周必大等详议后提出了具体方案："臣等伏准御笔，令预期详度，指定使人坚执礼数事，臣已尝面奏。若彼依每年圣节例，必欲上寿，臣等当谕以金国遣使来贺生辰，既已引见受书，便是成礼，其上寿一节，寻常不过随本朝百官拜舞于庭，所有奉觞致词，并无所预。今来皇帝以高庙服制，特降指挥，权免上寿，百官既不入殿，使人无缘自行趋赴，纵彼桀黠，亦将何辞。只论此事，臣等保无争执，敢不任责。其他或别较礼数，却难预度，譬如对弈，当视着数而应之。臣等愚见如此，伏乞圣明，特赐予矜照"。①
这是宋孝宗与宰臣周必大直接反复讨论应对金国贺圣节使者的御笔
和回奏，生动地展现了朝廷对圣节礼仪之争的关注和重视。宋孝宗
以为宋高宗服制为由罢免会庆节金使上寿之仪，这样金国贺圣节使
者就不能借上寿之机入殿面见皇帝，挑起礼仪之争；也就不能在对
答中提出要求，南宋借此以避免外交上可能产生的冲突。但即使这
样，以金使之桀黠，说不定会在其他地方生事，挑起礼仪之争，即
所谓"其它或别较礼数，却难预度"，所以朝廷要制定的策略应该随
机应变，"譬如对弈，当视着数而应之"。可见对待圣节中宋、金外
交交往，君臣均高度重视，严阵以待，预作打算，并选取干练官员
来应对此类事件。而相关官员在此关键时刻也必须顾全大局："蒙
圣谕恐虏人来贺圣节或争礼仪，令臣等任责，缘此未敢控诉，只俟
将来人使出门，臣即露章有请，免妨贤路。伏望圣慈并赐怜察。"②
周必大当时正打算上书请辞，但因为要负责应对金国贺圣节使者的
礼仪之争，所以就暂缓提出，以顾全大局，等把金国贺圣节使者送
走后再上章请辞。由此看来，君臣都把这圣节中的外交斗争作为一件
大事。

由于圣节在宋金交往中的重要地位，这一个特殊日子被利用作
为外交斗争手段的方式有时显得很巧妙。金人告知南宋的徽宗、钦
宗忌日看来是殚精竭虑"设计"出来的："绍兴十四年三月十四日礼
都太常寺言：'据秦州申，五月二十一日天申节依例预开建祝圣寿
道场一月，系四月二十一日开启，至五月二十一日满散。今照得四
月二十一日系徽宗皇帝忌，所开建天申节祝圣寿道场，未审合于其

---

① （宋）周必大：《熟议北使执礼御笔（七月二十四日）》《回奏》，《催具详
度北使执礼御笔（八月六日）》《回奏》；见《周益文忠公集》卷一五一，收入《四库
提要著录丛书》集部，第 20 册，88～89 页。

② （宋）周必大：《论密院径支四川经总制钱》，见《周益公文集》卷
一四五，收入《四库提要著录丛书》集部，第 20 册，21 页。

日分开启，乞指挥降下。太常寺勘会，天申圣节依例系四月二十一日开启道场，今来委是相妨，欲乞四月十九日开启至五月二十一日满散，仍乞应诸路州军等依此施行。'诏依。"①据此，宋徽宗死于北方五国城，其忌日是金国告知的"绍兴五年四月甲子"，即当年四月二十一日，正是开启天申节道场的日子，这的确给天申节的安排造成了极大麻烦。宋高宗只得将开启天申节道场的日子移到四月十九日，以避宋徽宗忌日。

联系到宋钦宗忌日，金人"设计"的意图更明显。金人来宣布宋钦宗死讯，也是选在贺天申节之时，"金使贺天申节，遽以钦宗讣闻，朝论俟使去发表，中驰白宰相：'此国家大事，臣子至痛，一有失礼，谓天下后世何？'竟得如礼。"②而且据金人讲宋钦宗忌日正是枢密院满散天申节道场的五月十九日，于是枢密院将满散的日子改在五月十七日，但由于与枢密院日程冲突，只得改在十八日，此尤宋钦宗忌日前一日③，这同样给天申节的安排造成了麻烦。

金人告知的宋徽宗和宋钦宗忌日，一个在天申节道场开启的日子，一个在天申节道场满散的日子，二事虽有可能是巧合，但更有可能是金人特意安排设计，以打击宋高宗，让其生日喜庆之时充满哀丧之气，让宋朝廷避讳不及，搅乱其外交安排。

---

① 　(清)徐松辑：《嘉礼三二·天申节二》，见《中兴礼书》卷二〇四，45页，收入《续修四库全书》第823册，45页。天申节道场开启、满散的日子因各种原因多有变动，开启的日子地方和枢密院用四月十九日，三省用十八日，枢密院后改为十五日；满散的日子地方上是五月二十一日，枢密院是十九日，三省是二十一日，后来由于与金使到阙朝见的日子及钦宗忌日冲突，枢密院满散的日子就改在十八日。见《中兴礼书》卷二〇四，收入《续修四库全书》第823册，45页。

② 　(元)脱脱：《宋史·黄中传》卷三八二，第34册，11763～11764页。

③ 　(清)徐松辑：《嘉礼三四·天申节四》，见《中兴礼书》卷二〇六，收入《续修四库全书》第823册，52页。

二、从两宋之际宋、金、夏、高丽贺
圣节交聘看东亚国际关系变化

宋、金、夏、高丽在两宋之际关系的变化可以从圣节交聘的角度进行观察，这种观察有利于我们从一个具体的角度去认识东亚国际关系，从平衡到打破再到恢复平衡的过程。现将两宋之际四十余年东亚宋、金、夏、高丽圣节交聘的情况列表如下①：

表 1　两宋之际宋、金、夏、高丽贺圣节交聘表(1124—1165)②

	金—宋	金—丽	金—夏
1124	八月，金以孛堇乌爪乃、李用弓为贺宋生日使(或未至)； 十月戊午，宋使卫肤敏贺金天清节，置币境上而返③	——	十月戊午，西夏使贺金天清节
1125	十月壬子，宋使(卫肤敏④)贺金天清节	——	十月壬子，西夏使贺金天清节

———————

①　这一问题可参考顾吉辰：《宋—西夏交聘考》，载《固原师专学报(社会科学版)》，1986(3)；孙建民、顾宏义：《宋朝高丽交聘考》，载《信阳师范学院学报(哲学社会科学版)》，1997(1)；孟古托力：《女真及其金朝与高丽关系中几个问题考论》，载《满语研究》，2000(1)；刘建丽：《略论西夏与金朝的关系》，载《宁夏社会科学》，2005(3)。

②　此表未经注明出处者均依据《金史·交聘表》。

③　《宋史·卫肤敏传》："(宣和)六年，召对，改宣教郎、秘书省校书郎。命假给事中贺金主生辰。肤敏奏曰：'彼生辰后天宁节五日，金人未闻入贺，而反先之以失国体，万一金使不来，为朝廷羞，请至燕山候之，彼若不来，则以币置境上而已。'帝可其奏。既至燕，金贺使果不至，遂置币而返。"见(元)脱脱：《宋史·卫肤敏传》卷三七八，第33册，11661页。

④　(清)黄以周等辑注：《续资治通鉴长编拾补》卷四八，宣和六年七月丙戌条，第4册，顾吉辰点校，1480页，北京，中华书局，2004。

续表

	金—宋	金—丽	金—夏
1126	——	十月丁未，高丽使贺金天清节； 十一月，金遣高随为赐高丽生日使	十月丁未，西夏使贺金天清节
1127	——	十月辛未，高丽使贺金天清节	十月辛未，西夏使贺金天清节
1128	——	十月丙寅，高丽使贺金天清节	十月丙寅，西夏使贺金天清节
1129	——	十月庚寅，高丽使贺金天清节	十月庚寅，西夏使贺金天清节
1130	——	十月甲申，高丽使贺金天清节	十月甲申，西夏使贺金天清节
1131	——	十月戊寅，高丽使贺金天清节	十月戊寅，西夏使贺金天清节
1132	——	十月壬寅，高丽使贺金天清节	十月壬寅，西夏使贺金天清节
1133	——	十月丙申，高丽使贺金天清节	十月丙申，西夏使贺金天清节
1134	——	十月庚寅，高丽使贺金天清节	十月庚寅，西夏使贺金天清节
1135	——	——	——
1136	——	正月乙酉，高丽使贺金万寿节； 十月甲寅，金以吴激为赐高丽生日使	正月乙酉，西夏使贺金万寿节
1137	——	正月己卯，高丽使贺金万寿节	正月己卯，西夏使贺金万寿节
1138	——	正月甲辰，高丽使贺金万寿节	正月甲辰，西夏使贺金万寿节
1139	——	正月戊戌，高丽使贺金万寿节	正月戊戌，西夏使贺金万寿节
1140	——	正月癸巳，高丽使贺金万寿节	正月癸巳，西夏使贺金万寿节

续表

	金—宋	金—丽	金—夏
1141	——	正月丁巳，高丽使贺金万寿节	正月丁巳，西夏使贺金万寿节
1142	五月，乙未，宋使（沈）昭远等贺金主生辰①	正月辛亥，高丽使贺金万寿节	正月辛亥，西夏使贺金万寿节
1143	正月乙巳，宋使（沈昭远）贺金万寿节	正月乙巳，高丽使贺金万寿节	正月乙巳，西夏使贺金万寿节
1144	正月己巳，宋使（王师心②）贺金万寿节；五月，己巳，金始遣乌延和来贺天申节③	正月己巳，高丽使贺金万寿节	正月己巳，西夏使贺金万寿节
1145	正月癸亥，宋使（宋之才④）贺金万寿节；五月，甲子，金使完颜宗尹来贺天申节⑤	正月癸亥，高丽使贺金万寿节	正月癸亥，西夏使贺金万寿节
1146	正月丁亥，宋使（严抑⑥）贺金万寿节；金使乌古论海等来贺天申节⑦	正月丁亥，高丽使贺金万寿节	正月丁亥，西夏使贺金万寿节
1147	正月辛巳，宋使（周执羔⑧）贺金万寿节；五月，辛巳，金使完颜卞来贺天申节⑨	正月辛巳，高丽使贺金万寿节	正月辛巳，西夏使贺金万寿节

① （元）脱脱：《宋史·高宗七》卷三〇，第2册，556页。
② （元）脱脱：《宋史·高宗七》卷三〇，第2册，559页。
③ （元）脱脱：《宋史·高宗七》卷三〇，第2册，561页。
④ （元）脱脱：《宋史·高宗七》卷三〇，第2册，561页。
⑤ （元）脱脱：《宋史·高宗七》卷三〇，第2册，563页。
⑥ （元）脱脱：《宋史·高宗七》卷三〇，第2册，563页。
⑦ （元）脱脱：《宋史·高宗七》卷三〇，第2册，565页。
⑧ （元）脱脱：《宋史·高宗七》卷三〇，第2册，565页。
⑨ （元）脱脱：《宋史·高宗七》卷三〇，第2册，566页。

续表

	金—宋	金—丽	金—夏
1148	正月丙子，宋使（詹大方①）贺金万寿节；五月，丙子，金遣萧秉温来贺天申节②	正月丙子，高丽使贺金万寿节	正月丙子，西夏使贺金万寿节
1149	正月庚子，宋使（陈诚之③）贺金万寿节；五月，庚子，金使唐括德温来贺天申节④	正月庚子，高丽使贺金万寿节	正月庚子，西夏使贺金万寿节
1150	汤鹏举贺金主生辰，未知完颜亶被弑⑤；二月甲子，金遣完颜元宜、高怀贞为贺宋生日使⑥	——	——
1151	正月，宋王曦贺金主生辰⑦；三月庚寅，金以刘长言、耶律五哥为贺宋生日使	九月，金以萧子敏为高丽生日使	九月，金以萧彭哥为夏生日使
1152	正月，宋陈相贺金主生辰⑧；三月，金以田秀颖、大斌为贺宋生日使	九月，金以完颜麻泼为高丽生日使	九月，金以萧中立为夏生日使

---

① （元）脱脱：《宋史·高宗七》卷三〇，第2册，567页。

② （元）脱脱：《宋史·高宗七》卷三〇，第2册，568页。

③ （元）脱脱：《宋史·高宗七》卷三〇，第2册，568页。

④ （元）脱脱：《宋史·高宗七》卷三〇，第2册，570页。

⑤ （宋）熊克：《中兴小纪》卷三四，见《景印文渊阁四库全书》第313册，1134页。汤鹏举或因海陵王弑君夺位，中途被遣回，未成礼，故正史不载。

⑥ 《宋史》："五月甲午，金就遣完颜思恭等来贺天申节。"见（元）脱脱：《宋史·高宗七》卷三〇，第2册，571页。与《金史》异，其中或有缘故。

⑦ （元）脱脱：《宋史·高宗七》卷三〇，第2册，572页。

⑧ （元）脱脱：《宋史·高宗七》卷三〇，第2册，573页。

续表

	金—宋	金—丽	金—夏
1153	四月，纥石烈撒合輦①、萧简为贺宋生日使②	九月，金以窊合山充为高丽生日使	九月，以谋良虎为夏生日使
1154	正月，己巳，宋使（施钜③）贺金生辰；四月，金以耶律安礼、许霖为贺宋生日使	正月，己巳，高丽使贺生辰	正月，己巳，夏使贺生辰
1155	正月，甲子，宋使（张士襄④）贺生辰；三月，金以李通、耶律隆为贺宋生日使	正月，甲子，高丽使贺生辰	正月，甲子，夏使贺生辰
1156	正月，戊午，宋使（郑柟⑤）贺生辰；三月，金以敬嗣晖、萧中立为贺宋生日使	正月，戊午，高丽使贺生辰	正月，戊午，夏使贺生辰
1157	正月，癸未，宋使（葛立方⑥）贺生辰；六月，金以耶律守素、许竑为贺宋生日使⑦	正月，癸未，高丽使贺生辰	正月，癸未，夏使贺生辰；九月，金以仆散乌里黑为夏生日使
1158	正月，丁丑，宋使（刘章⑧）贺生辰；三月，金以萧恭、魏子平为贺宋生日使	正月，丁丑，高丽使贺生辰；九月，金以高存福为高丽生日使	正月，丁丑，夏使贺生辰；九月，金以阿鲁保为夏生日使

① 《宋史》作"纥石烈大雅"，见（元）脱脱：《宋史·高宗八》卷三一，第 2 册，578 页。

② 此年正月，金以皇弟兖薨，不视朝、受献，贺生辰未能成礼，故正史不载使者姓名。

③ （元）脱脱：《宋史·高宗八》卷三一，第 2 册，578 页。

④ （元）脱脱：《宋史·高宗八》卷三一，第 2 册，580 页。

⑤ （元）脱脱：《宋史·高宗八》卷三一，第 2 册，582 页。

⑥ （元）脱脱：《宋史·高宗八》卷三一，第 2 册，586 页。

⑦ 据《宋史》，五月癸未已成贺天申节礼，此六月方遣使，必误，见（元）脱脱：《宋史·高宗八》卷三一，第 2 册，588 页。

⑧ （元）脱脱：《宋史·高宗八》卷三一，第 2 册，588～589 页。

续表

	金—宋	金—丽	金—夏
1159	正月，辛未，宋使（黄中①）贺生辰； 四月，金以王道可、王蔚为贺宋生日使	正月，辛未，高丽使贺生辰； 九月，金以完颜达纪为高丽生日使	正月，辛未，夏使贺生辰； 九月，金以加古挞懒为夏生日使
1160	正月，乙未，宋使贺生辰； 五月，丙申，金使萧荣贺天申节②	正月，乙未，高丽使贺生辰	正月，乙未，夏使贺生辰
1161	正月，己丑，宋使（徐度③）贺生辰； 四月，金以高景山为贺宋生日使	正月，己丑，高丽使贺生辰； 八月，金以张崇为高丽生日使	正月，己丑，夏使贺生辰
1162	——	——	四月，夏以贺忠义、高慎言贺金万春节； 九月，金以完颜正臣为夏生日使
1163	——	三月，高丽李功老贺万春节； 十一月，金以移剌天佛留为高丽生日使	三月，夏程公济贺万春节； 九月，金以仆散习尼列为夏生日使
1164	——	三月，高丽使郑孝偶贺万春节； 九月，金以乌古论三合为高丽生日使； 十二月，高丽金庄谢赐生日	三月，夏纽卧文忠、陈师古贺金万春节； 九月，金以乌里雅为贺夏生日使
1165	三月，宋使洪适、龙大渊贺万春节； 九月，金以高衎、移剌道为宋生日使	三月，庚戌，高丽使元颐冲贺万春节； 十月，金以大宗正丞璋为高丽生日使	三月，庚戌，夏使贺万春节； 九月，金以术虎蒲查为夏生日使

---

① （元）脱脱：《宋史·高宗八》卷三一，第 2 册，590 页。
② （元）脱脱：《宋史·高宗八》卷三一，第 2 册，595 页。
③ （元）脱脱：《宋史·高宗八》卷三一，第 2 册，596 页。

宋宣和元年、西夏元德元年（1119）后西夏贺宋圣节使正史不书①，北宋灭亡后，西夏不再对宋称臣，南宋与西夏有金、刘齐间隔，交往也减少。西夏元德六年、金天会二年（1124）西夏上誓表臣服于金，十月始贺金圣节。金天会四年（1126）六月，高丽奉表称藩，十一月，贺金天清节，金亦遣赐高丽生日使。

北宋末年，金在军事胜利的同时，也已经在圣节交聘上挑战宋的既有宗主地位；而宋则力图保持外交的尊严，这种尊严的保持因军事失利变得非常困难。卫肤敏在宋宣和七年（1125）的贺圣节出使就充满悲壮和屈辱，"七年，复假给事中以行，及庆源府，逢许亢宗还，语金国事，曰：'彼且大入，其势不可往。'肤敏至燕，报愈急，众惧不敢进。肤敏叱曰：'吾将君命以行，其可止乎！'既至金国，知其兵已举，殊不为屈。及将还，金人所答国书，欲以押字代玺，肤敏立争曰：'押字岂所以交邻国。'论难往复，卒易以玺。及受书，欲令双跪，肤敏曰：'双跪乃北朝礼，安可令南朝人行之哉？'争辩踰时，卒单跪以受。金人积不说，中道羁留且半年。"②押字代玺、双跪这些仪式的变化反映了双方既有力量平衡已经打破，金人决意南侵，宋人节节败退，既有的仪式不可能维持，金要求新的权力份额，仪式上也要体现这种强势。

从圣节交聘来看，两宋之际，金迅速崛起，确立了在东亚的新霸主地位，与周边政权如宋、高丽、西夏建立起宗藩关系，圣节交聘就是这种关系维系的标志之一。此时，以前的辽、宋失去了宗主地位，他们与西夏、高丽间的圣节交聘也断绝了。而金取代辽、宋与更多的周边政权稳定交聘，取得圣节交聘中心地位，这标志着其拥有了东亚事实上的宗主地位。而以圣节交聘为代表的一系列外交

---

① 宋—西夏圣节交聘可参考李华瑞：《宋夏关系史》，431～468页，石家庄，河北人民出版社，1998。

② （元）脱脱：《宋史·卫肤敏传》卷三七八，第33册，11661～11662页。

活动也不断强化既定的宗藩关系，一旦这种圣节交聘出现异常，通常表示宗藩关系的力量平衡被打破，预示着双方的冲突、动荡即将到来，直到新的均势平衡达成，正常稳定的圣节交聘才会重新出现。绍兴三十一年(1161)，金海陵王南侵，宋金均势被打破，次年双方圣节交聘活动即停止，直到两年后的隆兴二年(1164)和议达成，新的均势形成，次年双方才互派贺圣节使者。

两宋之际，从靖康元年(金天会四年，1126)起到绍兴十三年(金皇统三年，1143)，十八年间双方没有圣节交聘活动，金在此期间是单边强势，不顾宋的乞降、称臣，想一举灭宋，而扶植刘豫为傀儡政权。直到金认识到宋不可能在短期内被消灭，而刘齐政权带来的麻烦比利益多，最终接受宋奉表称臣，达成绍兴和议，双方的宗藩地位确立，稳定的圣节交聘活动才展开。从圣节交聘展开的细节上也可见双方强弱，宋在绍兴十二年(1142)，即绍兴和议签订次年，已经派出了贺金圣节使者，显得非常主动积极；金则在两年后，即绍兴十四年(1144)才派出贺宋圣节使者。而且，《金史·交聘表》在大定五年(1165)以前都没有记录宋贺生辰使的名字，而《宋史·高宗本纪》中记录了金国贺天申节使者的名字，可见南宋对这种外交活动比金更为重视。

女真人曾一度归附高丽，向高丽进贡土物，高丽也赐以绢帛例物。12 世纪，女真完颜部迅速兴起，建立金国，女真人不再认同高丽为"父母之邦"，金太祖于天辅元年、高丽睿宗十二年(1117)，寄书高丽称"兄大女真金国皇帝致书于弟高丽国王"。相继灭了辽、宋以后，金进一步迫使高丽奉表称藩，高丽也认识到无法忽视金崛起的现实，所以在其一贯"事大"的实用主义外交传统下，于金天会四年(高丽仁宗四年，1126)六月，奉表称藩。十月，高丽贺金天清节；十一月，金遣高随等为赐高丽生日使。"贺—赐""生辰—生日"措辞的不同，表现了双方的不同地位。

圣节交聘是维系东亚多元体制的重要交聘活动之一，其顺利进行标志着维系国际关系的朝贡体系有效运行，若均势被打破，固有的体制面临调整，则圣节交聘也将充满变数和冲突。东亚正是通过这一系列包括交聘、颁历等尚待进一步研究的"软"维度保持文化认同上的同一性，这是古代东方世界一个非常重要的特性。

个人　地域　战争

宋夏战争中的个人选择与命运：
《李宗师墓志铭》与宋夏啰兀城之战

《李宗师墓志铭》（以下简称《李志》）1987 年出土于陕西省户县（今鄠邑区）天桥乡丈南村，今存县文物管理委员会。墓志绍圣三年（1096）七月纳石，李周撰文，刘随书丹并篆盖，志、盖均为青石质，盖长 86.5 厘米，宽 85 厘米，志长 84 厘米，宽 82 厘米，厚均为 17 厘米。盖文阴刻篆字"宋故内」园使李」公墓铭"，9 字，字高 20 厘米，宽 15 厘米。志文正书，39 行，行 38 字，字径 1.5 厘米。墓志保存完好，字迹清晰。此地同时出土的还有李宗师之子李邦直的墓志，绍圣三年（1096）七月刻石，李处讷撰文，吕义山书丹，李寿永刊。志盖楷体阴文，"宋故奉」职李君」墓志铭"，志文正书，27 行，行 26 字，字径 1.5 厘米。二志由于出土时间较晚，诸家目录均未载。① 墓主李宗师父子为陕西籍武将，主要活动于北宋神宗年间，多次参与了当时的对夏战争，尤其是熙宁四年（1071）的啰兀城之战，李宗师是种谔麾下的重要将领，亲历啰兀城之战从谋划到撤退的整个过程。《李志》对此有较为详细的描述，可与传世文献相互印证，增加我们对啰兀城之战的了解，透视宋夏战争对陕西沿边地区中下层士人人生道路选择的影响。②

---

① 刘兆鹤、吴敏霞编：《户县碑刻》，28～29 页，西安，三秦出版社，2005。

② 关于啰兀城之战可参考吴天墀：《西夏史稿》，61 页，桂林，广西师范大学出版社，2006；白滨：《啰兀筑城考》，载《宁夏社会科学》，1986(3)；李华瑞：《宋夏关系史》，176～180 页；罗福苌、罗福颐集注：《宋史夏国传集注》，彭向前补注，220～223 页，银川，宁夏人民出版社，2004；高建国：《北宋〈折克柔墓志铭〉考释》，载《河北大学学报(哲学社会科学版)》，2013(2)。

一、以文换武

墓主李宗师，《宋史》无传。据《李志》：李宗师（1021—1084），字希先，陕西冯翊人。以恩授太庙斋郎，历官凤州两当主簿、丹州司户参军、京兆府醴泉尉、坊州宜君令、耀州美原令、知延州敷政县事，宋神宗即位覃恩改太子中舍，赐五品服。熙宁二年（1069），由当时在陕西任边帅的郭逵之荐换武资，授供备库副使、延州东路同巡检使、兼安定堡寨主。① 太子中舍为无出身者迁转官阶，正八品，李宗师恩荫入仕，就是走这种无出身者迁转官阶，这种无出身者再往上转官比较困难，故墓主选择换武资，希望以军功博取更高功名，换授从七品的供备库副使。"赐五品服"就是"赐章服"：北宋前期四品、五品官服绯，佩银鱼袋，称为章服；官品未及服绯，朝廷特许改转服色，许服绯，为赐章服。墓铭："文不我试，武思奋庸"，就是说墓主以文换武这件事。

宋英宗治平三年（1066），郭逵即以宣徽南院使同知枢密院事为陕西四路沿边宣抚使②。治平四年（1067），种谔袭取绥州（今陕西省绥德县），这是神宗初年宋朝进攻西夏的一次重大行动，此后数年宋夏双方围绕绥州进行了反复争夺、谈判，宋夏掀起新一轮军事冲突。当此朝廷用人之际，似乎很多军功进身的机会向中下层士人展开，李宗师以郭逵之荐换武资就是在这样的背景之下完成的。熙宁三年（1070）四月，西夏发兵两万来争绥州。五月，郭逵令诸将合击，大败西夏。此年，李宗师知绥德城，或在郭逵破夏人战役前后。绥德城是当时宋夏争夺的焦点，地位极为重要，而且朝廷对是

① （清）徐松辑：《宋会要辑稿》（方域二〇之一一，第 8 册，7656 页），安定堡在"陕西鄜延路延州丰林县，庆历五年以马蹄川置"。

② 《长编》卷二〇八，治平三年十月丁亥条，第 15 册，5064 页。

否坚守绥德城意见并不统一，一直有大臣主张弃守，比如文彦博。熙宁二年（1069），朝廷就曾下旨同意西夏以安远、塞门二寨换绥州，"迁其刍粮，不尽者焚之"，郭逵"匿其制不行"，这才保全绥州，得以筑城，名之曰绥德。① 郭逵冒抗旨的风险保全绥德城，可见其战略地位的重要，而且绥德城的安危关系到西北防御的战略方向选择，是极为敏感的地方。李宗师能够出任这个重要职位，负责绥德城的防务，可见郭逵对他的信任。

熙宁三年九月，韩绛为陕西路宣抚使，韩绛来到陕西，积极治军备战。"及绛至陕西，即募强劫贼盗及亡命罪人为奇兵，又分番汉兵为七军"②，知清涧城种谔领其一军。十一月，韩绛、郭逵意见有分歧，郭逵不主张贸然兴兵，也不信任种谔。韩绛认为郭逵阻碍军事。朝廷诏郭逵赴阙，调离陕西，韩绛由陕西路宣抚使升为陕西、河东两路宣抚使③，权力进一步扩大，给边帅赋予如此重大的权力，显示朝廷在陕西展开对西夏攻势的决心。十二月，韩绛谋划进击，"于是绛驻延州，命谔往城啰兀，听以便宜招纳讨击，领兵二万出无定川，四路经略司皆毋得干预，诸将听谔节制"④，又令河东发兵与种谔会合。河东府州折氏也是积极倡议修筑啰兀城的边将。这次行动的重心就是进筑啰兀城，并增修延边堡寨，进取横山，以居高临下之势，压迫兴、灵西夏军。横山位于今陕西西北部，为桥山北麓，是宋夏之间的军事要地，夺取横山是出于宋将刘平的《攻守策》，后来成为宋朝西北边帅的传统见解，而西夏也把横山作为保障安全的生命线，宋夏双方在此地区争夺激烈。⑤ 啰兀城

---

① （宋）司马光撰：《涑水记闻》卷一一，邓广铭、张希清点校，211页，北京，中华书局，1989。

② 《长编》卷二一五，熙宁三年九月甲辰条，第16册，5241页。

③ 《长编》卷二一七，熙宁三年十一月乙卯条，第16册，5283页。

④ 《长编》卷二一八，熙宁三年十二月丙子条，第16册，5305～5306页。

⑤ 吴天墀：《西夏史稿》，61页。

位于绥州北面，又称罗瓦、罗兀、娄，在今陕西榆林市南镇川镇榆溪河西石崖地上，地理位置处于横山东麓，绥州和银州（米脂）之间，是经营横山的军事要地。曾在西北主持军事的沈括谈到啰兀城创建、地势："抚宁旧治无定河川中，数为虏所危。继隆乃迁县于滴水崖，在旧县之北十余里，皆石崖，峭拔十余丈，下临无定水，今谓之啰瓦城者是也。"① 据白滨先生考证，"啰兀"是西夏语音译，意思是石头城。② 宋神宗初年对西夏采取积极进取的态度就是从绥德城、啰兀城的军事行动开始。熙宁四年（1071）正月，战役正式展开，李宗师此时以副鄜延路将领的身份在种谔麾下参战，整个啰兀城之战的抚宁堡受降、马户川之战、攻克啰兀、二十九日筑成啰兀城、留守抵抗西夏啰兀围城等事件均为李宗师亲历。

二、啰兀之战

熙宁四年（1071）正月初一，种谔出兵，李宗师隶其麾下，随军进发。据《李志》："与种公谔同进兵讨夏贼，俘获甚众，又破贼众于马护川。"这是叙述出征后的两件事情，按其叙述顺序，"俘获甚众"是指正月戊子为初二，即出兵第二天在抚宁堡受降，《长编》对此有记载："（熙宁四年正月）戊子，种谔领兵次抚宁堡，敌有迎降道傍者，左右欲收其甲，谔曰：'今为一家，彼此即吾人也，听以自随。'"③《李志》："又破贼众于马护川"，此为次日种谔以三千奇兵在啰兀城北的马户川破西夏军队，《长编》记述得比较详细："己丑，兵次啰兀城，敌帅都啰马尾与其将四人，聚兵啰兀城之北曰马

---

① （宋）沈括撰：《梦溪笔谈》卷一三，金良年点校，136 页。
② 白滨：《啰兀筑城考》。
③ 《长编》卷二一九，熙宁四年正月戊子条，第 16 册，5320 页。碑志作"马护川"，传世文献作"马户川"。

户川，谋袭谔。谔谍知之，以轻兵三千潜出击破之。都啰马尾遯去，复与其将三人，驻兵立赏平。谔遗以妇人衣三袭，明日，遣将吕真率千人斥候。大风尘起，敌惊曰：'汉兵至矣！'皆溃而走，遂城娄啰兀。"①参加马户川之战可考的还有当时尚为弱冠之龄的折可适："从仲谔出塞，遇敌于马户川，贼有以年易公者，公索与斗，即斩其首，获其所乘马，追葭芦川，辄大俘获，遂有名行阵间。"②李宗师当时也在攻破马户川的行伍中。白滨先生认为，啰兀城当时虽在西夏手中，但其中并未驻兵，可能是座废城，其原因是城中无井泉，且孤城险狭，难于供馈。③ 后来，宋军弃啰兀城，粮饷供应无法保障也是重要原因。

西夏驻防军队主要在马户川，击破马户川的西夏军后，种谔在啰兀废城基础上兴筑堡寨。《李志》："及招纳降附，筑啰兀城，以功进官二等，授文思副使，且俾提举本城兵马"，此处叙述墓主修筑、留守啰兀筑城的史实。在马户川取得胜利以后，宋军迅速筑起啰兀城，凡二十九日工毕。与啰兀、抚宁一起兴筑的还有永乐川、赏逋岭，以及接通河东道路的荒堆、三泉等堡寨，各相隔四十余里。韩绛希望借助这些堡寨将绥州与麟州、府州的道路打通，形成一条相互呼应的防线，把宋夏对峙的前线向无定河纵深推进，进取

---

① 《长编》卷二一九，熙宁四年正月己丑条，第 16 册，5320 页。《长编》是依据范育所撰种谔《墓志》，又据吕大防《奏捷》称："初五日乙丑，都枢密都啰，参政及钤辖十三人，领兵三千在马户川。初六日，谔遣将击走之，斩首百余级"，与《墓志》稍有不同，《墓志》马户川之战是在正月初三己丑、初四庚寅，《奏捷》为初五、初六。按：《奏捷》记"初五日乙丑"，而初五日实为辛卯，非乙丑。《奏捷》所记或为朝廷得到奏报的日子。

② （宋）李之仪：《淮庆军节度蔡州营内观察处置等使持节蔡州诸军事蔡州刺史泾原路经略安抚使兼马步军都总管兼知渭州军州事兼管内劝农使西河郡国侯食邑一千四百户食实封四百户上柱国折公墓志铭》，见《姑溪居士后集》卷二〇，收入《景印文渊阁四库全书》第 1120 册，723 页。

③ 白滨：《啰兀筑城考》。

横山，同时掌控这些西夏曾赖以维持的茶山、铁冶、竹箭等军需物资供给地区。① 这次行动河东奉旨命发兵参战，同时征发役夫修城、搬运粮饷："河东经略司既发兵与种谔会，又承诏发兵二万给馈饷，由荒堆新路以趋啰兀城"②；又据体量河东事务的御史范育所言，"而三十万之民转饷于道，其资费五六百万……毁撤边障楼橹以充新城"③；又种谔令"雪中筑抚宁堡调发仓猝，关陕骚然，河东尤甚"④，俱可见河东在此次行动中负责了后勤物资运输供给。2012年陕西省府谷县新出土的《折克柔墓志铭》中记载了河东麟、府州军队参战的情况，"自正旦西征，次啰兀城，数与贼遇。公贾勇先登，斩获居多。军声大振，众方转战深入。主将属公独以劲骑百余，旁出二十里。夜破一强族，俘馘甚众，大军得无牵制却顾之患。粮道刍粟，飞挽不绝"⑤。麟、府州人马也是正月一日出兵，九日后与种谔会合于啰兀城，此时种谔早已攻下啰兀城，率领河东麟、府州人马的折氏家族折克柔、折克行、折继世等均参与了啰兀城对夏军事行动，但主要是保护馈饷输送。⑥ 但折可适是例外，他没有随府州军马行动，此前他应该就在种谔麾下，正月初一出征，与李宗师等一起参加了最早的马户川战役。种谔攻下啰兀城后，河东人马、役夫按计划前来会合，修筑堡寨，抵御西夏进攻。而尤其艰巨的是役夫及粮草军需的供应，河东调集了大量民力、物资，造

---

① 《长编》卷二一九、卷二二〇，熙宁四年正月辛亥条、四月壬戌条，第16册，5330、5344～5345页。

② 《长编》卷二二〇，熙宁四年二月辛酉条，第16册，5338页。

③ 《长编》卷二二〇，熙宁四年二月壬戌、癸亥条，第16册，5344～5345页。

④ 《长编》卷二一九，熙宁四年正月己亥条，第16册，5323页。

⑤ 高建国：《北宋〈折克柔墓志铭〉考释》。

⑥ 高建国：《北宋〈折克柔墓志铭〉考释》。

成骚动,朝廷派御史范育前来体量调查。①

至此啰兀城之战宋军取得了重大胜利:"大小四战,斩首一千二百,降口一千四百"②。朝廷派内侍王延庆至延州军前抚问,据《李志》李宗师进官二等,授文思副使当在此时。李宗师接受种谔任命,负责防守新筑的啰兀城,而种谔自己回到绥德城:"种谔既城啰兀,分兵千五百人留副将李宗师守之,谔还军绥德城。"③《李志》所谓"且俾提举本城兵马",就是指留下防守新筑啰兀城。李宗师参加的这次种谔指挥的军事行动从出兵到还军,前后凡三十五日:熙宁四年(1071)正月初一丁亥出兵,初二戊子抚宁堡受降,初三己丑破敌马户川,初四庚寅筑啰兀城,二月初三己未完工,前后共耗时二十九日。种谔还绥德城为二月初五辛酉,从出征到筑城而归前后共三十五日。此时自开始,从上到下,争议不断,但此时毕竟还是攻克并筑成了啰兀城。

宋军进筑啰兀城对西夏震动极大,当政的梁太后点集十二监军司人马大举反攻,同时向辽求援。西夏以重兵来争夺啰兀城,其策略是先迅速拿下与啰兀城互为表里的抚宁堡,孤立啰兀城。抚宁堡位于绥德城和啰兀城之间,具有重要军事意义,但啰兀城守不守得住,争议仍然大,韩绛、种谔坚决要守,知庆州赵卨、太原走马承受李宪等边臣认为不能守,双方争持不下。朝廷对此也拿不准,经过一番讨论,宋神宗再派张景宪、李评前往按视。④ 宋神宗还咨询

----

① 据《长编》记载,任命范育体量河东在熙宁四年正月十三日,正是啰兀筑城期间。由于筑城的役夫、物资抽调数量大、期限急,负责的河东经略、转运司已经向朝廷奏报无力支持。宋神宗拿不准是韩绛要求过当,还是河东转运司"摇动边事",所以派御史范育前往调查。(《长编》卷二一九、卷二二〇,熙宁四年正月己亥、二月壬戌条,第 16 册,5323、5343 页。)当初,西夏占据啰兀而未驻兵,据白滨先生分析也是因为粮食给养难于供给。(白滨:《啰兀筑城考》。)

② 《长编》卷二一九,熙宁四年正月己丑条,第 16 册,5320 页。

③ 《长编》卷二二〇,熙宁四年二月辛酉条,第 16 册,5337 页。

④ 《长编》卷二二〇,熙宁四年二月壬申条,第 16 册,5352 页。

从陕西回朝不久的郭逵，郭提出加强抚宁堡驻守的重要性："上尝问宣徽南院使郭逵曰：'种谔取啰兀城、抚宁二寨，或闻夏人复欲取之，当何如？'逵曰：'愿速备抚宁，则啰兀城无患。'上曰：'何也？'逵曰：'昔夏人取灵武，先击清远，然后灵州失守。今抚宁地平而城小，戍兵不多，万一用前策，则必先取抚宁。抚宁破，啰兀城随之矣。'"①事实果然被郭逵言中，夏人正是先攻抚宁，拦腰斩断啰兀城和绥州的联系。二月十八甲戌抚宁堡陷，急攻啰兀。这时，朝廷派出的张景宪才走到半道，到鄜延时即上奏："啰兀城据绥德百余里，邈然孤城，凿井无水，无可守之理"②。

抚宁围城之时，种谔在绥德城，欲调燕达、折继世往救，未及行而抚宁陷落。③ 抚宁失陷，啰兀城和绥德城的联系被切断，李宗师负责坚守的啰兀城孤立无援，西夏重兵围城，势在必得，防守任务异常艰巨。况且啰兀城以二十九日仓促筑成，其工程必然草率，据朝廷探视新筑堡寨的人报告："所筑堡殊不坚完，但一土墙围尔。"④虽然堡寨不甚坚固，但依赖啰兀城险要地势，李宗师以三千士兵抵御西夏猛烈进攻，激励士卒，顽强坚守。《李志》："贼以十万众围之，城中兵只三千，君曰：彼众我寡，强弱异势；彼若知我虚实，则必乘我矣。于是设奇计，张虚势，开门延敌，贼果疑而不敢逼。"李宗师之子李邦直也在啰兀城中协助其父守城，据《李邦直

---

① 《长编》卷二二〇，熙宁四年二月甲戌条，第16册，5356页。

② 《长编》卷二二〇，熙宁四年二月壬申条，第16册，5353页。

③ 《长编》卷二二一，熙宁四年三月丁亥条，第16册，5369页。此据赵卨所言："卨奏：'二月甲戌，贼围抚宁，折继世、高永能等重兵驻细浮图，去抚宁咫尺，啰兀城兵势尚完。种谔在绥德城节制诸军，若令永能等会啰兀城兵，与抚宁相应，贼必奔溃。闻谔茫然失措，欲作书召燕达，战悸不能下笔，顾转运判官李南公等涕泗不已，乃追折继世兵回，方议战守，贼已得志而归。'"种谔名将，未必如此，事出仓促，抚宁一两天就被攻克，所以种谔也没有时间做出反应。赵卨一直反对筑城啰兀，故对种谔的描述未见得客观。

④ 《长编》卷二二一，熙宁四年三月丁亥条，第16册，5369页。

墓志铭》："及大兵围啰兀逾旬，人心危骇，而兵卒以退，城卒以固，策略又有助焉。"①守城期间，有一个英勇不屈的宋军士兵的事迹被记录到《墓志》中："当啰兀之被围也，贼执所得汉兵一人至城下，使以言诱降吾兵。其人复语城中曰：'天子仁圣，不可负。坚守则莫能破矣。'贼怒，挥刃于口杀之。君俱白于上，谓死而不忘忠义，君子之所难，而匹夫能之，不重褒赏，何以劝忠？朝廷由是追赐死者，而官其子孙。"《长编》对此也有记载，可以与《李志》互证：熙宁四年七月"乙未，录延州振武副都头崔达子遇为三班奉职，赐其家绢百匹。初，达为西贼所执，驱之至啰兀城堡下，令呼城中曰：'抚宁堡已破，可趣降'。达伪许之而反其辞，遂被害，边吏以闻，故追录之"②。崔达就是《李志》中被西夏俘获的那个士兵，上报追赏崔达的就是李宗师。

李宗师守城期间，朝廷对弃守啰兀充满争议，而韩绛也调兵前往解围，诸事条理纷繁，分而叙之。筑守啰兀期间，关于啰兀城是守还是弃的问题从中央到陕西前线官员意见不同。朝廷主张坚守的主要是宋神宗，宋神宗此时对西夏采取积极进取的态度，是啰兀城之役的实际谋划推动者，赋予韩绛两路宣抚使的重权，指挥对夏军事行动，即所谓"得旨出师"③。派范育体量河东，也是宋神宗怀疑吕公弼、张问沮坏堡寨修筑。一直到后来决定弃啰兀等堡寨，宋神宗仍认为"绥、麟通路在理可为"，"啰兀城非不可营，但举事仓猝为非"。④ 王安石不是很赞成对夏攻势，他引用魏徵的话"中国既

---

① （宋）李处讷：《李邦直墓志铭》，见刘兆鹤、吴敏霞编：《户县碑刻》，315 页。

② 《长编》卷二二五，熙宁四年七月乙未条，第 16 册，5477 页。

③ 据《长编》："学士院草责绛制，初云'擅兴征师'，上以为非，'擅兴'改曰'暴兴'，以绛实得旨出师，而措置乖方，故贬。"（《长编》卷二二一，熙宁四年三月甲辰条，第 16 册，5391 页。）宋神宗承认自己策划了对夏行动，韩绛只是执行人。

④ 《长编》卷二二一，熙宁四年三月庚寅条、三月癸卯条，第 16 册，5373、5385 页。

安，远人自服"，吴充说："先于治内"。① 在是否弃守问题上，王安石认为"筑堡则致寇"？"倘不需筑堡运粮，则存而守之无害""陕西人力疲困，难于供馈"，实际主张弃守。② 陕西前线宣抚使韩绛、知延州吕大防、书写宣抚司机密文字杜谔、种谔等人贯彻宋神宗的指示，积极推动啰兀等堡寨兴筑。而河东经略司吕公弼、王庆民等人均认为啰兀城不可守。③ 前已言知庆州赵禼、太原走马承受李宪亦言啰兀城不便。朝廷派出奉旨体量河东的范育，按视啰兀城、抚宁城的张景宪、李评都认为不可守。张景宪认为啰兀城"邈然孤城，凿井无水，无可守之理"；李评使还，亦言："入鄜延界询求啰兀城利害，无一人言便者，乞速毁废，以解一路之患。"④当然，啰兀城中苦苦坚守的李宗师未必知道高层对啰兀城弃守的争论。

虽有很大争论，但宋神宗主张进取坚守，所以啰兀守城计划继续执行，直到一个突发事件改变事态发展方向：韩绛调庆州兵解围激起兵变。啰兀围城告急，韩绛命庆州出兵牵制。由于征调急促，人不堪命，二月二十四日庚辰，广锐军士卒拥吴逵发动兵变，关陕震动，此距抚宁城陷落仅六日。朝廷忙于应付，急命郭逵知永兴军，处置紧急事态。⑤ 变生腹心，朝廷无暇继续坚守，最终在三月十八日癸卯，诏弃啰兀城。⑥《李志》："虏知城不可拔，因请和。

---

① 《长编》卷二二〇，熙宁四年二月辛未条，第 16 册，5352 页。

② 《长编》卷一二一，熙宁四年三月癸卯条，第 16 册，5385 页。

③ 《长编》卷二二一，熙宁四年三月丁酉条，第 16 册，5379 页。

④ 《长编》卷二二〇，熙宁四年二月壬申条，第 16 册，5353 页。

⑤ 《长编》卷二二〇、卷二二一，熙宁四年二月庚辰条、三月壬辰条，第 16 册，5361、5374 页。

⑥ 《长编》卷二二〇，熙宁四年二月甲戌条，第 16 册，5356 页；又据《宋会要辑稿》(方域八之二七，第 8 册，7454 页)："(熙宁三年三月十八日)诏：罗(啰)兀城宜令赵禼相度，如不可，令弃毁，讫奏。河东所报探，西贼水军恐于石州渡河，令吕公弼过为之备。抚宁失陷人令经略司按实具数闻奏。罗(啰)兀城、宾草堡令转运司更不得运粮草前去。"此熙宁三年必为熙宁四年之误。

忽有暴风自南来，尘埃蔽天，虏疑有援兵至，引众遁去。同时筑者七城，皆不能守，独啰兀赖君以完。"西夏最终未能攻下啰兀城，可能已经先行撤退；宋军决定弃城是变生肘腋。西夏的战略是不强攻城，攻城非西夏强项。转而攻击宋军补给线，围城打援；如果宋军撤退，就尾随邀击。由于庆州兵变，朝廷权衡利害，主动放弃啰兀城。李宗师成功坚守啰兀城直到撤退，故墓志铭所言"独啰兀赖君以完"是符合实际的。朝廷决定弃啰兀时，啰兀城尚有李宗师所部三千人和大量粮草辎重，此时韩绛、种谔皆因出兵不利，撤职待罪，朝廷令鄜延帅赵卨处理善后。赵卨派都监燕达接应啰兀城李宗师部撤退："卨遣达以兵即于啰兀城援取戍卒军资辎重以归。贼邀官军，且战且走，所失亡多"①，撤退中宋军遭到西夏军队邀击，损失很大，但最终还是安全抵达。据此，李宗师应该率部和燕达会合后撤出啰兀城，保护辎重人马，完成善后撤退。

　　李宗师是啰兀城之战从出军、筑城、坚守、撤退完整过程的亲历者，《李志》完整翔实记载了啰兀城之战的过程和细节，皆可以与《长编》《宋史》等互证发明，对了解宋夏之间啰兀城之战颇有帮助。此后较长一段时间，李宗师仍留在陕西宋夏前线任职，据《李志》："君在延安，贼犯境者一十九次，君每将兵锋追奔出寨，骑卒无伤。幕府上功，君居多焉，迁左藏库副使。"破啰兀城李宗师已升为文思副使，此时又升一级为左藏库副使，官品仍为从七品。《李志》："时初置河朔诸将，修备讲武"，"朝廷知君忠勇可用，遂除河北第三十五将"。河北置将为熙宁七年（1074），计"三十七将，二十万兵"②。在此任上李宗师参与了朝廷一次重大军事行动：熙宁九年（1076）二月，郭逵为安南招讨使伐交趾，此前的熙宁八年（1075）

　　① 《长编》卷二二二，熙宁四年四月丁巳条、熙宁四年五月戊子条，第16册，5399、5417页。

　　② 王曾瑜：《宋朝军制初探》（增订本），118页，北京，中华书局，2011。

十二月庚戌，"发河北第三十五将赴桂州，第十九将驻潭州，以备广西经略司勾抽策应"①，李宗师正在此河北三十五将任上。李率部赴桂州，就是南下参与即将展开的交趾之役。次年二月，郭逵为安南招讨使，李宗师为郭逵在陕西的老部下，此南下桂州参战又隶郭逵麾下。李宗师参与交趾之役，《李志》并未叙及，却见于同一地点出土的李宗师之子李邦直的墓志铭："内园君被命驻兵安南，尝染瘴疠，君侍于侧，昼忘餐，夜忘寐。"②交趾之役，郭逵军染疾疫，损失惨重，"时兵夫三十万人，冒暑涉瘴地，死者过半"③，虽然交趾投降，但宋军伤亡太大，无异于一次败仗，郭逵因此坐贬。据《李邦直墓志铭》，李宗师出征染疾，正可与传世文献相印证。估计此次南下，染疾卧病，也没有太大战功，故《李志》不叙。两年以后，升正七品的西染院使，调任京东第五将，其驻扎地为郓州。④ 寻知安顺军，又差同管勾河东沿边安抚司公事。秩满，再任同管勾河东沿边安抚司公事，而转升两级为内园使，仍为正七品。元丰六年（1083）九月，李宗师给朝廷的一个奏章，谈到管内麟州、丰州弓箭手因阙食借官府钱谷的事情："管勾河东缘边安抚司李宗师言：'体量麟、丰州弓箭手借官钱谷，实以阙食，乞住催纳。'从之。"⑤元丰七年（1084），李宗师以疾终于此任上，享年六十四岁。

---

① 《长编》卷二七一，熙宁八年十二月庚戌条，第19册，6648页。
② （宋）李处讷：《李邦直墓志铭》，见刘兆鹤、吴敏霞编：《户县碑刻》，315页。
③ （元）脱脱：《宋史·郭逵传》卷二九〇，第28册，9725页。
④ 王曾瑜：《宋朝军制初探》（增订本），117页。
⑤ 《长编》卷三三九，元丰六年九月丙辰条，第23册，8167页。

结　语

　　李宗师是北宋陕西武将中的一员，主要活动在宋神宗时代，他的经历和当时宋朝的对外战争密切相关。李宗师参与了这一时期在陕西展开的一系列对夏战争，尤其重要的是熙宁四年（1071）的啰兀城之战；熙宁八年（1075）又南下广西参加对交趾的战争。元丰年间在京东、河东任职，负责边防。熙宁二年（1069），李宗师时年四十八岁，在宋夏边患再起，边功机会较大的背景下以文换武，从从七品的供备库副使开始，希望博取更高功名。多年奋斗下来，到去世时，升了十一个阶序、一个官品，终止于正七品的内园使。这是宋朝的制度设计，多设阶级，使人穷其一生也难以爬上高等级阶序，保持大量这种浅资序的人，朝廷便于驾驭。墓铭将其恭维为汉代名将李广，但也表达了惋惜、遗憾的感情："用才不完，爵不及封。广也数奇，士夫所恫"，可见宋朝军功迁升也非易事。其实，李宗师官品虽不高，但其最后差遣"管勾河东缘边安抚司公事"，从事权来说并不算小[①]，而且"凡十登文陛，条对利害"，有多次面圣的机会。墓主李宗师之子李邦直也有一个弃文从武的经历，"年逾冠，以进士试于有司，不中，叹曰：丈夫遇盛时，不当块然无用于世，然则谋身不可缓也。于是又习兵略，肄弓马，欲与其父立殊功于边徼。学之数年，艺益精，方俟施用，遇天子南郊恩需，以父任得补三班奉职。明年，武学较试，中上第，监西染园门"[②]。李邦直起初是希望从科举进身，考试不利后转而承父业习武，最后还是选择和其父一样立功边关的道路，啰兀城之战时已经在其父身边协助。

---

　　① 此点蒙黄博兄指出，特致谢。

　　② （宋）李处讷：《李邦直墓志铭》，见刘兆鹤、吴敏霞编：《户县碑刻》，315 页。

以父任得补三班奉职，比其父太庙斋郎的荫补起点高一点，但仍是职位低下的从九品的小使臣。宋熙宁五年(1072)复置的武学行三舍法，李邦直以小使臣的身份报名参考，中上第，得到一个监门官的低微差遣。本来欲应王克臣招揽，前往高阳关路堡寨任职，这样就可以走上和其父一样立功边关的道路；但因离其父任职的河东距离太远，"恐贻亲忧，遂恳辞不就"。不久以后，年仅三十五岁便先于其父早逝，立功边关的道路也终止了。

李宗师父子弃文从武的经历有一定代表性，这是当时一大批渴望建功立业的陕西中下层士人的选择，这一文武兼备的群体往往父子相继，甚至几代延续，热衷边功进身，建功立业的愿望迫切，对北宋西北拓边影响很大①，李宗师父子就是这一群体的一个生动的例子。

附：

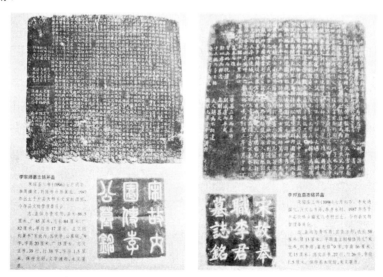

图 1　1987 年户县出土《李宗师墓志铭》(左)《李邦直墓志铭》(右)②

---

①　曾瑞龙：《拓边西北——北宋中后期对夏战争研究》，31～37 页，香港，中华书局(香港)有限公司，2006。这一陕西武将群体一直延续到南宋初年，参见何玉红：《南宋陕西籍武将群体述论》，载《西北师大学报(社会科学版)》，2009(5)。

②　刘兆鹤、吴敏霞编：《户县碑刻》，28～29 页。

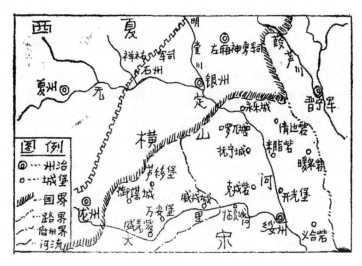

图 2　啰兀城位置形势图(手绘)①

李宗师墓志铭②

宋故内园使上骑都尉平原县开国伯食邑九百户李公(宗师)墓志铭并序

朝请大夫充集贤殿修撰提举西京崇福宫上柱国华亭县开国男食邑三百户赐紫金鱼袋李周撰

左朝请郎前知合州军州兼管内劝农事护军赐绯鱼袋借紫刘随书并篆盖

君讳宗师,字希先,世为冯翊人。父博士,监凤翔府太平宫。爱终南林泉之胜,遂家于有户。曾大父吉」,赠太常少卿。大父行简,给事中,赠礼部尚书。父觊,国子博士,赠中大夫。君以博士致政,恩受太庙斋」郎,主凤州两当簿,以父忧去官。服除,调丹州司户参军,历京兆府醴泉尉。考满,移坊州宜君令。丁母」忧,终丧,再授耀州美原令。时有制均田税,命司勋薛公向总其事,公

---

① 白滨:《啰兀筑城考》。

② 参见刘兆鹤、吴敏霞编:《户县碑刻》,313～314 页。

知人善任，使以谓方田均」税，治民之本；苟非其人，民益受弊。
乃选君均蒲之龙门，又均本县税，民号平允。遂复命指教蒲、陕、
耀」三郡田税，公私赖之。用荐者，改大理丞，知延州敷政县事。
神宗即位，覃恩改太子中舍，赐五品」服。君沉毅有谋，志在立功
名于世。宣徽使郭公逵雅知君，乃荐诸朝。熙宁二年，换授供备库
副」使、延州东路同都巡检使、兼安定堡寨主。明年，移知绥德城。
丞相韩公绛宣抚河东、陕西两路，命君」副鄜延路将领，与种公谔
同进兵讨夏贼，俘获甚众，又破众贼于马护川。及招纳降附，筑啰
兀城，以」功进官二等，授文思副使，且俾提举本城兵马。贼以十
万众围之，城中兵止三千，君曰：彼众我寡，强」弱异势；彼若知
我虚实，则必乘我矣。于是设奇计，张虚声，开门延敌，贼果疑而
不敢逼。围既久，士卒」震恐，君虑士气不振，难与共守，乃亲劳
吏卒，抚之曰：国家育汝等，正为今日。若不同心固收，一」旦城
坏，则首领不保。苟能自奋，则富贵可取。众皆感激自厉，士气益
振。虏知城不可拔，因请和。忽有」暴风自南来，尘埃蔽天，虏疑
有援兵至，引众遁去。时同筑者七城，皆不能守，独啰兀赖君以
完。君在」延安，贼犯境者一十九次，君每将兵锋追奔出寨，骑卒
无伤。幕府上功，君居多焉，迁左藏库副使。时」初置河朔诸将，
修备讲武。凡军之政令，一出宸衷，故选用极艰。朝廷知君忠勇可
用，遂除」河北第三十五将。居两年，改西染院使，移京东第五将，
寻知顺安军。未几，差同管勾河东沿边安抚」司公事。凡除此职，
必枢府第其劳绩，上名于天子，天子亲加审择，然后授之。每季以
便宜」入奏。神宗聪明睿智，动察事机，每臣下进见，虽宿学耆儒，
或失所对。君凡十登文陛，条对」利害，从容详整，神宗每加慰谕。
秩满，再任转内园使，方委以西北事。元丰七年四月九日，以疾」
终于代之官舍，享年六十四。君资识明悟，喜读书。幼以孝行闻于
乡党。及筮仕，志在抑强扶弱。故所」至，誉望蔚然当途，名公由
此知。君为人落落有气节，慨然慕古人之功名。尝曰：人患不能以

勇果致」忠义尔，诚能以此自任，功名不难就也。推此，则君之志趣可知已。与人交，未尝不倾写诚腑，笃于故□旧，久而敬之，故人人皆得其欢心。当啰兀之被围也，贼执所得汉兵一人至城下，使以言诱降吾兵□，其人复语城中曰：天子仁圣，不可负。坚守则莫能破矣。贼怒，挥刃于口杀之。君具白于上□，谓死而不忘忠义，君子之所难，而匹夫能之，不重褒赏，何以劝忠？朝廷由是追赠死者，而官其□子孙，此盖见君忠义之心也。娶雍氏，先君而亡。子二人：曰邦直，三班奉职，早卒；曰钦臣，新授权坊州□军事推官。女五人：长适侍禁康锡，次适进士程权，次适殿直高昱，二人尚幼。孙二人：曰绍彭，曰绍先□。绍圣三年，卜宅于太平乡仁和里。是年七月十日丁酉，归葬于新茔，以夫人蓬莱县君雍氏祔。既诹□日，其子钦臣请铭于予。予，冯翊人也，其族系既与君同，而所居之里又同，故自尚书、中大夫以及内□园君之行实，皆得其详。义不可辞，铭曰□：

魏魏尚书，实大吾宗。有伟其孙，克绍厥风□。文不我试，武思奋庸。见危授命，蹇蹇匪躬□。孤城抗虏，忠义是崇。天陛对扬，谋议从容□。用不完材，爵不及封。广也数奇，士夫所恫□。终南之下，黑水之东。佳城郁郁，永宁其宫□。

姚文武、宗古镌

陇南过渡地带夷夏互动个案之一：
从《鼎勋堂记》看南宋嘉定年间陇蜀军政与人物

　　《鼎勋堂记》现置于甘肃省礼县白关镇太塘村，此地为南宋西和州大潭县故址。大潭县为陇蜀要冲，宋金边境重地，为蜀口西线战略要地，历次宋金之间在蜀口的争夺中，西和州控扼上游，是双方力争夺取之地。正如《鼎勋堂记》碑文所言：西和州大潭县等地为"五路之冲，敌兵出入之枢"①。《鼎勋堂记》为大潭县县令郭忆立于南宋宁宗嘉定十三年(1220)七夕日②，是为镇守西和州的安藩、张威、程信三人所立生祠"鼎勋堂"而撰立的颂德之碑，虽言辞不免浮夸，但碑文记载的基本事实尚且可信，所祠三人又与开禧、嘉定年间的宋金之战、吴曦之变、秦巩之役这些重大事件有极大关系，尤

---

　　① 《鼎勋堂记》，见礼县博物馆、礼县老年书画协会编印：《礼县金石集锦》，87页［非正式出版物，无印刷时间，准印证号，甘新出 036 字总 092 号(2000)014 号］。《鼎勋堂记》长 130 厘米，宽 82 厘米，厚 16 厘米，现置于礼县太塘乡，张维《陇右金石录》失载，《礼县金石集锦》有碑文拓本照片和录文，蔡副全《陇南金石研究》(北京，社会科学文献出版社，2012)有著录。本文采用《礼县金石集锦》录文。本节承四川大学历史文化学院 10—20 世纪学术研讨会诸位师友提出宝贵修改意见，特此致谢。

　　② 据赵逵夫先生研究，礼县旧俗极重七夕，七夕乞巧，民间活动很丰富，要持续七八天。这种风俗故老相传，延续很久远，《鼎勋堂记》立于嘉定十三年七夕节庆之中，正是这一风俗在宋朝的反映。(赵逵夫：《〈陇南金石研究〉序》，见蔡副全：《陇南金石研究》)据碑文"筑堂皇觉"，"皇觉"是当地寺名，碑当立在寺庙中，借现成的殿宇，辟为生祠，树碑颂德。官员祠宇立于庙中，这在宋朝很常见。

其三人参与的秦巩之役，是南宋与西夏为数不多的联合军事行动。而从更大的历史背景来观察，立碑之时的 13 世纪初，为宋、金、西夏、蒙古之间力量的激烈角逐，中国政治军事格局发生深刻变化的时代，将碑文放在这一历史背景下来考察，既有助于我们全面了解这一碑刻，又有助于我们从另一个角度加深对当时陇蜀、川陕地区复杂政治军事形势的理解。

《鼎勋堂记》涉及开禧、嘉定之际与四川政治军事形势关系密切的四个人和四件事。四人是指安藩、张威、程信三人，以及与三人关系密切却没有直接出现在碑文中的重要人物，这个人就是时任四川宣抚使的安丙。四件事是：吴曦之变、第五次宋金战争、红巾之乱、巩州之役。前三件事情是明言于碑文中，第四件巩州之役虽未直接出现于碑文中，而立碑的嘉定十三年七月就正是安丙积极谋划联合西夏夹击金人的巩州之役的时候，其余三人必然参与了这个谋划，在稍后的巩州之役中，他们为战役中的重要人物。碑文涉及四个人、四件事，"三明一暗"，关系到宋金战争、宋夏联合等事件，而其中人、事之间密切相关，错综纷繁，故以人物为线索，贯穿事件，分述如下。

一、安蕃：陇蜀军政中的财计官员

安蕃为安丙族人，《鼎勋堂记》碑文盛赞安蕃在平定吴曦之变中的功绩以及平叛后在天水保境安民的政绩：

> 丙寅调兵，曦贼中变，坐□□凶，□出□氏□时，危疑未宁。今□□安公，□护天水，□誉所加，民以辑宁。轺车载临，边境休肃，敛不及民，廪粟铢铢。①

——————————

① 《鼎勋堂记》，见礼县博物馆、礼县老年书画协会编印：《礼县金石集锦》，87 页。

安蕃是在安丙领导的平定吴曦之乱中立功而走上仕途的：

> 开禧初，与平吴曦，少傅安丙上其事曰："进士安蕃，丙
> 之族人也。遣之兴元谕都统制孙忠锐，合谋诛逆。盖曦已遣其
> 母弟晓为利州东路安抚使，不得不豫为之防。蕃与忠锐既共诛
> 晓，亦有微劳。丙已假将仕郎权兴元府茶马司茶帛库。"诏特授
> 承务郎。①
>
> （开禧三年五月二日诏）：进士安焕、安蕃特补承务郎。
> （以权四川宣抚使兼陕西河东路招抚使安丙言，其各系元与同
> 谋诛戮叛将吴曦之人故也。）②

安蕃在平定吴曦之乱中的主要功绩就是受安丙派遣，到兴元府
联络都统制孙忠锐，共诛吴曦党羽吴晓。朝廷也认同安丙利用安蕃
等族党之帮助，以绾合各种势力，"合异为同"，共同成功平定变
乱，所以命官诏旨说："虽吾帅臣竭忠，诸将效顺，顾所以往来其
间，合异为同，非可泛然诿诸人者，则夫族党之助，安可诬也"③。
其实，未待朝廷下诏，安丙已经任命安蕃将仕郎权兴元府茶马司茶
帛库，朝廷不久下诏认可，而且进安蕃为承务郎。

此后，安蕃任职茶马司兼秦司金厅，又入利州东路安抚使、知
兴元府刘甲幕府。嘉定二年（1209），安丙出任四川制置大使、知兴
元府，安蕃此时自请试县，被任命为天水县县令。吴曦之变后，陇
蜀州县残败，如何恢复生产，保障边防是当时面临的重要问题，作
为制置大使的安丙深知其重要性。尤其是天水县，北与金秦州接

---

① （宋）魏了翁：《知文州主管华州云台观安君墓志铭》，见《鹤山集》卷
七五，收入《景印文渊阁四库全书》第 1173 册，179 页。墓志为"安蕃"，《宋会
要辑稿》亦作"安蕃"，碑文作"安藩"，当以墓志为是，作"安蕃"。

② （清）徐松辑：《宋会要辑稿》兵二〇之九，第 8 册，7106 页。

③ （宋）魏了翁：《知文州主管华州云台观安君墓志铭》，见《鹤山集》卷
七五，收入《景印文渊阁四库全书》第 1173 册，179 页。

壤，是宋防御金人的最前沿，所以任命心腹族人安蕃为县令，加强整顿治理。安蕃在天水县任上的主要功绩是保境安民：首先是把被战争毁坏的县治迁到赤丹堡，"缭以险固，实以谷粟，使民得奠居"，稳定民心；其次是恢复生产，"从帅阃拨借耕牛种具，量所垦田散给，皆翕然归耕"。① 其治理是有一定绩效的，"会岁大亨，欢呼被野"②。《鼎勋堂记》碑文也特别提到了安蕃在天水县的治绩："今□□安公，□护天水，□誉所加，民以辑宁。"大潭县临近天水县，安蕃在天水县的治绩自然会传到大潭，为当地人知晓，所以碑中特为表出此事。况且，立碑时安蕃任随军转运使，直接负责征调州县财物，县令必然面临征调压力，大潭县县令立其生祠，歌颂其以往在邻县天水重农安民政绩，潜在一层意思是希望他在履行征调时也顾及民生。此后，安蕃调任主管成都府路转运司。聂子述为制置使时，安蕃出任永康军通判，任上值红巾之乱，又从安丙平乱："会兴元卒叛，转掠果阆，密迩乡邑。君念八世祖太傅尝出家赀以平贼，思所以继先志，会少傅为之倡，君喜曰：是亦吾志也。亦纠合宗族佃丁数百人，往运军粮，且躬临贼垒，毅然以公事为己任"③。安丙散家财以平叛军，作为族人的安蕃也是这一行动的积极参与者，主要是负责为平叛的军队输送军粮，而这支军队的领军将领就是《鼎勋堂记》碑文中的第二个人物张威。

嘉定十三年七月《鼎勋堂记》立碑时，碑文中安蕃的职务是随军转运。立碑前一年的嘉定十二年（1219）四月，安丙起复再任宣抚使，置司利州，安蕃则出任利州通判。当时，红巾之乱基本平息，

---

① （宋）魏了翁：《知文州主管华州云台观安君墓志铭》，见《鹤山集》卷七五，收入《景印文渊阁四库全书》第1173册，180页。

② （宋）魏了翁：《知文州主管华州云台观安君墓志铭》，见《鹤山集》卷七五，收入《景印文渊阁四库全书》第1173册，180页。

③ （宋）魏了翁：《知文州主管华州云台观安君墓志铭》，见《鹤山集》卷七五，收入《景印文渊阁四库全书》第1173册，180页。

但溃军逃卒问题并未解决，而与西夏联合对金行动准备在即，蜀口形势异常复杂，"初西夏永好于我，自嘉定七年，赍书者络绎竟上，至十二年冬十月，岩昌寨以夏招讨使甯子宁、忠翼书来宣阃，委安抚司报之。适东军郭威等焚戍庵遁去，宣阃移金州军帅陈立将东军，辟君充随军练运，置司西和"①，东军（利州都统军）由于逃兵破坏而溃散，宣抚司命金州副都统陈昱负责收拾这支残破的军队，东军必须尽快得到充足财物保障才可能避免进一步溃散，安蕃在这危急时刻被安丙任命为随军转运使，主管军队钱财物资供应，应付东军供给。随军转运置司西和州，《鼎勋堂记》碑所在的大潭县就是西和州治下的一个县，《鼎勋堂记》碑文中与墓志铭符合，所记载当时安蕃的职务也正是随军转运。

这一任命具有重要意义：第一，前任四川总领杨九鼎处置财计不当，扣减关外戍卒钱绢，引发张福、莫简为首的红巾之乱。② 平乱以后，妥善处理军队财计问题，安抚士兵成为首要问题，安丙当然必须谨慎选择可以信任而又干练的人员来负责，安蕃无论各方面都符合要求，所以安丙选择他担任处理军队财计的宣抚司随军转运。第二，随军转运一职非常设，因朝廷军事行动而权宜设置，"王师征讨，则有随军转运使，或增置官勾当转运事，皆不常置"③，"有军旅之事，则供馈钱粮，或令本官随军移运，或别置随军转运使一员，或诸路事体当合一，则置都转运使以总之。随军及

---

① （宋）魏了翁：《知文州主管华州云台观安君墓志铭》，见《鹤山集》卷七五，收入《景印文渊阁四库全书》第 1173 册，181 页。

② （元）方回：《先君事状》，见《桐江集》卷八，收入阮沅编：《宛委别藏》第 105 册，499 页，南京，江苏古籍出版社，1988。其实，是朝中史弥远对金"和好"政策，以及在四川执行这一政策的四川宣抚使董居谊、总领杨九鼎裁减士兵待遇而引发叛乱。

③ （宋）孙逢吉：《职官分纪》卷四七，840 页，北京，中华书局，1988。又可参见王曾瑜先生对随军转运的相关论述，见《宋朝军制初探》（增订本），427~428 页。

都运废置不常，而正使不废"①。这一职务控扼了军队的钱财物质供应，在很大程度上决定了军队的资源保障。安丙本人就是财计官员出身，他在吴挺时曾任文州转运使兼利西安抚司金厅；吴曦之变时，安丙的职务就是随军转运，他之所以能在平定吴曦中奏功，一定程度上与他的财计官员控扼资源的地位关系密切。他深知财计供给对军队的重要性。② 从安蕃的仕途经历看，主要也是负责财计方面，他在以后几次行动如平定红巾军、巩州之役中也是负责军队物资保障和运输。第三，因为安丙当时已经在着手经营联合西夏对金军事行动，这必须得到强有力的财物保障，借供给东军把安蕃推上随军转运的位置，这是安丙为对金开战更深一层的人事准备。安蕃在嘉定七年(1214)安丙发动对金秦州之役中就是重要人物，"七年春，丙使所爱吏安蕃、何九龄合官军夜袭秦州，败归"③。估计此役中何九龄领军，安蕃也是负责财计和物资保障。此时安丙安排安蕃任随军转运就是为下一步对金军事行动做准备。安蕃墓志铭将联夏行动、稳定东军、安蕃任随军转运放在一起讲，可见几件事情有内在关联。

安丙一贯对金取攻势，宋嘉定七年安丙罢制置大使就是因为不执行朝廷以史弥远为首对金"和好"政策，而擅自发动对金秦州之役。当然，对金采取攻势，发动军事行动，必然可以争取到更多支配财物的权力，士兵的待遇也可以随之提高，士兵在某种程度上愿意打仗。所以，红巾之乱时，叛军痛恨主和的董居谊、杨九鼎，而对一贯主战的安丙寄予厚望。将领要复杂得多，他们虽然希望借军事行动获取资源、谋求晋升，但也考量上司取向、获胜把握等因

---

① （元）脱脱：《宋史·职官七》卷一六七，第 12 册，3965 页。

② 关于财政及财计官员在吴曦之变和平定吴曦之变中的重要作用，何玉红先生已有详细论述，见《南宋川陕边防行政运行体制研究》，243～261 页，上海，上海古籍出版社，2012。

③ （元）脱脱：《宋史·安丙传》卷四〇二，第 35 册，12191 页。

素。军事行动的必然结果是耗费资源，导致地方残破，朝廷不得不审慎地在牵涉面极广的和与战的问题上搞好平衡，稍有不慎，就会引发动荡。当时，重新起复为宣抚使的安丙积极推动联合西夏对金军事行动，这既是他的一贯主张，另外，这也是南宋川陕特殊政治军事格局决定的。四川宣抚司这种以军事国防为主导的特殊地方行政体制，多数时候，不得不在战争—消耗与裁军—叛乱间做出艰难选择。从长远的角度看，川陕边境面临金人强大的压力，和平没有可靠的保障，战争是常态，安丙积极主战也是纠正董居谊执行主和政策导致的各种问题，重整边防，争取资源，安抚士卒，达成一种尴尬的平衡。所谓尴尬的平衡，是因为朝廷不可能长期容忍超额的军费开支，尤其是长期而又未见成果的高额军费开支，所以宣抚司和武将都必须要用胜利来证明给朝廷看军费开支的效果；而战争意味着宣抚司更大的权力和更多的资源，朝廷必然不能容忍这种地方势力坐大，造成对中央权威的威胁，新一轮的主和裁军、收紧军费就要开始。嘉定十四年（1221）继任的四川制置使崔与之就一反安丙所为，主和、绝西夏联兵要求，裁减军费。从安丙到董居谊、再到安丙，再到崔与之，朝廷就是在力图把控蜀口军政这种尴尬的平衡。南宋四川制置司（宣抚司）既不可能久战，也不可能久和，除朝廷取向和金人入侵等原因外，其体制上已经埋下了两极摇摆的内因，制置司（宣抚司）必须在和、战上找好平衡，安丙在宋嘉定年间四川任上的仕途起落基本暗合这一规律。

安蕃就是在这种背景下接受随军转运的任命，他在这一任上是卓有成效的：

> 君闻命，引道未至，令曰："比岁冬夏之交，寇乘间再入，民未复业，馈饷用艰。今日使指非招集忠义，按视营屯，惟先劝谕流民，各归土著，乘春耕种。且检视仓廪，督促移运，务以实边备，安人心"，民闻之喜。凡漕运物料糇粮茭藁，夙夜

尽瘁，漕四十二万三千七百六十石，驮户不该封桩并由子不到
等钱四十三万六百券有奇，籴二十万一千二百石，以置口漕至
西和、鱼关至白环，每石且以费钱一十七券、米一斗七升之
约，为总所省三百四十二万六百五十九券、米三万四千二百六
十五石。初出边，仅有两月之积，未几，可支半年。①

他为军队调运了大量物资钱粮，为随后展开的对金军事行动奠
定了物资基础。安蕃不愧是军队后勤保障的专家，他很快使边备从
两月之积扩充到半年之积。安丙把他用在这个位置可谓知人善任，
后来的巩州之役，这些边备应当发挥了重要作用。当然，他也做了
一些稳定地方、安顿流民、恢复生产的工作，至于《鼎勋堂记》所
谓："敛不及民，廪粟饫饫""军不告乏，民不告病"，则可能就是出
于奉承的溢美之词。

立碑后一个多月，巩州之役开始，"（安蕃）假参议官同措置副
戎司边事，君酌酒饮诸将，愿毋杀戮，毋焚毁，以诞布我国家不嗜
杀人之意。皆闻命感慨。自丙申出师，己酉饮至，不料三路丁直不
起，利路全夫，则君密赞之力也"②。看来安蕃仍是继续负责运输
保障工作，而且在其他三路丁夫征调不起的情况下，他动员利州路
丁夫全部负担了这次战争的后勤保障，其人是相当干练的。

二、张威：一名蜀口中级将领的沉浮

张威，字德远，成州人，初为兴州选锋军骑兵。庆元六年
(1200)，因为四川总领王宁整顿四川财务，括关外营田、核实军中

---

① （宋）魏了翁：《知文州主管华州云台观安君墓志铭》，见《鹤山集》卷
七五，收入《景印文渊阁四库全书》第 1173 册，181 页。

② （宋）魏了翁：《知文州主管华州云台观安君墓志铭》，见《鹤山集》卷
七五，收入《景印文渊阁四库全书》第 1173 册，181 页。

缺员将佐、削减士兵待遇，张威等人逃入黑谷为盗，王大节赦其罪，配隆庆府后军。① 兴州摧锋、踏白二军是精锐部队，张威有勇力，外号张红眼，又号张鹘眼，在后来的战斗中逐渐崭露头角，成长为一名优秀的将领：

> 威初在行伍，以勇见称，进充偏裨。每战辄克，金人闻其名畏惮之。临陈战酣，则精采愈奋，两眼皆赤，时号"张红眼"，又号"张鹘眼"，威立"净天鹘旗"以自表。每战不操它兵，有木棓号"紫大虫"，圜而不刃，长不六尺，挥之掠阵，敌皆靡。②

张威在王大节摄兴州帅的嘉泰元年（1201）还是一名被赦免的逃卒，到了平定吴曦时他的官职是选锋军统制秉义郎，所以张威取得中、下级军职实际上是在吴曦为兴州帅期间。张威在平定吴曦之变中，虽没有具体的行动，但他的立场选择还是明智的，所以在此后的叙功中得到提升：

> （嘉定三年三月）二十五日沔州都统司言：权选锋军统制秉义郎张威，元系诛戮吴曦及随李好古收复西河等州立功，承宣抚司节次升差摧锋军统领，又升权选锋军统制，乞给降逐项付身。诏特给摧锋军统领付身，其统制官候管干年限及日保明取

① 《鼎勋堂记》碑文称张威为天水人，未知孰是，今依《宋史·张威传》作成州人。张威为逃卒之事："先是，兴州摧锋、踏白二军戍黑谷者，骑士月给刍钱甚厚，宁议损之。是秋，戍卒张威等百余人亡入黑谷为盗……郭呆在武兴，多刻剥军士。时王宁方行核实之令，士滋不堪。黑谷戍卒二十有七人，由是去为盗。有张威者，亦在其数。呆死，王大节（慑）〔摄〕帅事，语诸将曰：'是迫于寒饿，非有他也。'揭榜招还之，斩为首者以令，流配其余而已。威配隆庆府后军，时号张红眼者，是也"。〔（宋）佚名：《续编两朝纲目备要》卷六，汝企和点校，107～113 页，北京，中华书局，1995。〕

② （元）脱脱：《宋史·张威传》卷四〇三，第 35 册，12215 页。

旨施行。①

其实，张威和诛灭吴曦本来没有多大关系，只是顺势响应，他主要的功绩是在吴曦之变后随李好义收复关外西和等州。在礼县石桥乡石桥村一块大石上有宋嘉定元年的刻石，记载开禧三年（1207）三月收复关外四州史实：

> 丙寅开禧二年十一月二十八日，有金贼侵犯关外四州。至丁卯开禧三年三月十八日复收了当。戊辰嘉定改元年四月有十九日谨记。②

这实际就是李好义收复西和州后的记功刻石，张威正在这支部队中。李好义攻西和州，得到当地忠义进士王荣仲兄弟率领的民兵帮助，一路大捷，金西和节使完颜钦逃走，宋军顺利收复西和州。十三年后所立《鼎勋堂记》虽未直接记载此事，但收复西和州倒算是

———————

① （清）徐松辑：《宋会要辑稿》兵二〇之一三、一四，第 8 册，7108 页。据《宋史·李好义传》等收复西和州的是李好义，但李好古当时确有其人，在《建炎以来朝野杂记》卷九《蜀士立功立节次第》中，李好古排在第三等（655 页）。或以为李好义、李好古就是平定吴曦之时有名的李氏兄弟，但《宋史·杨巨源传》言李氏兄弟是李好义、李好问。李氏或是兄弟三人？未能确定。若李氏果为三兄弟，则好义、好古兄弟共赴西和之役也是情理中的事情。如果是这样，依《宋会要辑稿》则张威就隶属李好古部下。《西山文集》卷二三《赐都统制王喜马军都虞候许俊都统制刘元鼎李贵王大才庄松何汝霖副都统制吕春李好古卢彦张威石宗水军统制冯榾银合夏药敕书》（《景印文渊阁四库全书》第 1174 册，347 页），李好古、张威已经同为副都统制，但李好古排名仍正在张威前。好义、好古是否兄弟这个问题并非大问题，只是后来，李好古在嘉定十二年杀了张威之弟张彪（一作张斌），张威又借利州路安抚使丁焴之手杀李好古。好义、好古两位在平定吴曦中立有大功的将领，好义被王喜派人毒死，好古死于张威的报复，这从一个侧面反映了蜀口武将间错综复杂的矛盾。

② 《嘉定刻石》，见礼县博物馆、礼县老年书画协会编印：《礼县金石集锦》，84 页。据拓片文字有改动，《礼县金石集锦》释文"嘉定改元元年"，误增一"元"字，今据拓片删去。

张威对当地的直接功绩，他也因此成名。和安蕃一样，他也在天水军待过，天水升县为军，张威驻防，屡立奇功。吴曦之变后兴州改称沔州，张威后又长期在沔州军中领兵，西和州大潭县等地是他驻防屯守的辖区，当地官员百姓对他应该很熟悉。碑文称颂张威在嘉定十二年(1219)大破入侵金军的大安军之捷、普州茗山平定红巾军两件功绩。

第一件是大安军之捷。由于受到蒙古人攻击，金人在金贞祐二年(嘉定七年，1214)迁都汴梁避蒙古锋芒，后来又希望迁都西安，所以从嘉定十年(1217)岁末对宋川陕地区展开新一轮进攻，以图廓清、稳定西部疆土。十二月，金军开始入侵川陕，嘉定十一年(1218)蜀口皆被兵患，西和州、沔州都统刘昌祖焚西和州而遁，又被金人攻破。作为西和州的一个县，战火也对处于要冲之地的大潭县有极大影响。嘉定十一年(1218)四月，金人第一轮攻势基本结束。陕西略阳灵岩寺有一通摩崖题记，记述了宋金间第一阶段的战争：

> 嘉定丁丑十二月二十 ˥ 有三日，金兵入寇关表 ˥。明年正月，四川制置使 ˥ 宝谟阁学士临川董公 ˥ 居谊，进益昌督师；利州 ˥ 路安抚节制军马直徽猷 ˥ 阁古汴杨公九鼎，进屯 ˥ 河池，以三月十七日，斩其 ˥ 元帅一、统军七，俘获甚众 ˥。后十日，金以忿兵自天水 ˥ 犯西和，董公进沔阳 ˥，不战而退。寻犯大散关、旧 ˥ 岷州，皆以败去。由是关 ˥ 表安堵如故，杨公还 ˥ 住沔，董公复住益昌 ˥，以六月十有四日，叙别于 ˥ 岩寺。幕下士眉山任起厚 ˥、杨师复，祥符李耆寿，临川 ˥ 过椿年，李、刘宴大正。从行 ˥ 会稽虞刚简，眉山成申之 ˥，宝城杨恢，同谷李荣仲，俱 ˥ 不及举酒而别。耆寿承乏 ˥ 郡寄，谨书刻之岩石云 ˥。①

① 陈显远编：《汉中碑石》，138 页，西安，三秦出版社，1996。此摩崖题记刻于略阳县灵岩寺后洞奈何桥右侧石崖，《陕西金石志》《关中金石记》、道光《略阳县志》均有著录。《汉中碑石》采用《关中金石记》录文。

摩崖题记记述了嘉定十一年(1218)董居谊、杨九鼎在蜀口督师抵抗金人的史实，其中记载了宋军的一次大胜仗，"斩其元帅一"，应当就是当年三月复皂郊堡，斩金将完颜赟一事。① 题记是董、杨及门下幕僚在第一阶段战役基本平息的情况下，六月在略阳灵岩寺相聚话别时所刻。书刻者为祥符李耆寿，与杨九鼎是同乡，应当是其幕下士。与会的人可能不会想到，不到一年，人事将会发生巨大变化：第二年，金人第二阶段攻势开始，当年二月，董居谊被罢免；闰三月，杨九鼎被红巾军杀死。这一变化直接导致安丙复出，再任宣抚。题记中提到的虞刚简，将在次年平定红巾军的战役中为张威提供军粮给养。

嘉定十一年(1218)冬，金人掀起第二次攻势，再次大举入侵蜀口，犯安丰军黄口滩。嘉定十二年(1219)春正月，犯成州，"沔州都统张威自西和州退守仙人原"，兴元都统制吴政战死于黄牛堡。二月，金人乘胜攻破武休关，蜀口形势异常危机。② 从当时川陕的墓志、碑刻中也可看到当时金兵突入蜀口，造成巨大破坏的情况，如洋县《重建州治记》："嘉定」己卯，边备不戒，金虏遂犯梁、洋，郡治悉遭焚毁。"③；又如洋县《宋故太孺人陈氏墓志铭》："嘉定己卯，不幸残虏侵犯，避寇于天井山，因子抗虏，遂赴壑亡"④。墓主为吴氏家族的人，母为吴玠女吴令人，公婆为吴令人堂妹，子又娶吴氏，嘉定十二年(1219)，金兵入洋州，陈孺人避寇入山而亡。战争造成州县破残，人民流亡。长期执行朝廷对金和好政策的董居谊被召回，聂子述为四川制置使。碑文所谓"戊寅之冬⑤，虏复犯

---

① (宋)佚名：《续编两朝纲目备要》卷一五，汝企和点校，285 页。

② (宋)佚名：《续编两朝纲目备要》卷一五，汝企和点校，285~286 页。

③ 《重建州治记》，见陈显远编：《汉中碑石》，142 页。"嘉定"指嘉定十二年。

④ 《宋故太孺人陈氏墓志铭》，见中国文物研究所、陕西省古籍整理办公室编：《新中国出土墓志　陕西(壹)》下册，165 页，北京，文物出版社，2000。

⑤ 嘉定十一年冬。

边，武休不守，兵满梁汉，黠将精骑，直寇三泉"，也是描述金人第二轮入侵蜀口的情况。

关于吴政之死，有些官员认为张威负有临敌推诿退避的责任，"吴政屯凤州，张威屯西和，金人自白还堡突入黑谷，威不尾袭，而迂路由七方关上青野原，金人遂得入凤州"①。蜀口武将之间关系错综复杂，正如当时刘昌祖不救王大才，导致王大才兵败而亡一样，张威从保存实力的角度考虑，避敌走青野原是完全有可能的。在这种情况下张威取得的大安军之捷对稳定战局起到重要作用，也一定程度减轻了自身对吴政之死的责任：

> 嘉定十二年，金人分道入蜀，犯湫池堡，又犯白环堡。威部将石宣、董焯连却之。既而金人犯成州，威自西和退保仙人原。时兴元都统制吴政战死黄牛堡，李贵代政，亟走武休，金人已破武休，遂陷兴元，又陷大安军。

> 先是，利州路安抚使丁焴闻金人深入，亟遣书招威东入救蜀，又檄忠义总管李好古北上捍御。好古出鱼关与统领张彪遇，以彪弃迷竹关故，斩之。彪，威弟也。威闻彪死，按兵不进。焴闻之，谓僚佐曰："吴政身死，李贵复以兵败，金人所惮惟威，今好古擅杀其弟，失威心，奈何？且金人在东，非威地分，今可无好古，不可无威。"遂因好古入见，数其擅杀彪罪，斩之。遣书速威进救蜀，且使进士田遂往说之。威感激，夜半调发，鼓行而前，破金人于金斗镇。金人虽败未退，威顿兵不动，潜遣石宣等袭于大安军，大破之。金人之来也，择两齿马及精兵凡三千人，至是歼焉，俘其将巴土鲁，大将包长寿闻之宵遁。②

当然，战役胜利的取得颇有一番曲折：金人自白环堡突入黑

---

①　（元）脱脱：《宋史·崔与之传》卷四〇六，第35册，12260页。

②　（元）脱脱：《宋史·张威传》卷四〇三，第35册，12214页。

谷，张威没有蹑其后击金人，反而退守仙人原，贻误战机。金人杀吴政于黄牛堡，破武休关，一路陷兴元府、大安军，通往利州的道路已经打开。这种情况下利州路安抚使丁焴急命张威东进阻击金军，避免金军南下进攻利州，威胁蜀中；同时命令利州路副总管李好古北上防御，在鱼关李好古遇到了从迷竹关败退下来的张威之弟统领张彪（一作张斌），李好古以弃关之罪斩张彪。张威闻此，按兵不动。丁焴此时必须在张威和李好古间做选择，他果断决定，"可无好古，不可无威"，以擅杀之罪斩李好古。① 张威这样才出兵进击，于金斗镇、大安军大败金人，击溃了这支突入蜀口腹地的金军精锐。碑文所言："都统张公，设伏出奇，据□遏遁，酋长俘献，徒旅尸隊，喋血百里，草为之丹"，就是指张威的大安军之捷，及俘获金将巴土鲁。

第二件是平定红巾军。金人的威胁还未消除，南宋川陕防线祸生肘腋，由于总领杨九鼎裁减士兵待遇，兴元军士张福、莫简以红巾为号发动叛乱，杀杨九鼎沿嘉陵江南下，攻破利州、果州、阆州、遂宁、普州等地，制置使聂子述遁走，全蜀震动。碑文"叛卒□起，贼□卿长，焚劫郡邑，全蜀动摇，虏焰继炽"，正是描述了红巾之乱对四川的影响。

---

① 前面已经讲到李好古杀张彪、张威借人之手杀李好古可能是蜀口武将间错综的矛盾所致，而丁焴杀李好古其实是在危机情况下对武将的一种选择，这种决策的对错很难讲清，后来就有人为李好古鸣冤："壬辰，知沔州兼利西安抚丁焴特转朝奉大夫直龙图阁，赏其诛李好古之功。好古为利路副总管，擅斩统制张斌，领兵二千，径下沔州。或言其谋害张威、张虎，焴执而诛之。故有是命。其后乃有言好古冤者。"[（宋）刘克庄：《玉牒初草（皇宋宁宗皇帝嘉定十二年）》，见《后村集》卷四四，收入《景印文渊阁四库全书》第 1180 册，480 页]。这种局面，以前张浚在杀曲端而选择吴玠时已经发生过，只是丁焴杀李好古选择张威影响没那么大，理由也很简单，就是张威能力更强；而前者则影响更大，原因更复杂。（参考杨倩描：《吴家将》，44 页；何玉红：《南宋川陕边防行政运行体制研究》，85～108 页。）

安丙被临危任命为四川宣抚使，旋命时任沔州都统的张威东下，张威刚从剑门关赶到广汉，防备红巾军西扰成都，接令后即率部赶赴遂宁，在普州茗山围歼张福，平定红巾军。① 平定红巾军战役，安丙是指挥者，张威是具体执行者。如前文所述，在此过程中安蕃也曾响应安丙，散家财募士，为张威军队运送军粮。张威还得到当时在简州的虞刚简的财物支持：

> 张威引军沿广汉而下，公迎劳之，给缗钱五万有奇。威至普，又四日，绝粮，公治糗糒，扉屦而具，药物牛酒，率三日一遗。士百跃争奋，曰："使我守边得此，岂惮寇邪！"凡馕师扞城。为缗八万有奇。②

不必强攻，围困以断红巾军水路、粮道的战术则出自李壁：

> 张威以大兵至，夜遣人叩府门求药物，曰："贼垒坚不可破，将选死士梯而登，以火攻之。"公曰："审尔必多杀士卒，曷若断贼汲路与饷道，使不得食，即成禽矣！"以长围法驰授之，贼遂平。③

史称红巾军扰蜀比吴曦叛乱对四川的影响还大，碑文所言"全蜀摇动"，并非虚言，平定红巾军之役对安定四川起到了重要作用。除安丙外，张威就是平定红巾军最重要的人物，碑文"公提兵复出，贼众就擒，蜀遂安妥"，就是称颂张威平定红巾军，安定四川的功绩。

----

① （元）脱脱：《宋史·安丙传》卷四〇二，第 35 册，12192 页；（元）脱脱：《宋史·张威传》卷四〇三，第 35 册，12215 页；《安丙墓志铭》，见蔡东洲、胡宁：《安丙研究》，第七章"安丙墓志铭考补"，167 页，成都，巴蜀书社，2004。

② （宋）魏了翁：《朝请大夫利州路提点刑狱主管冲佑观虞公墓志铭》，见《鹤山集》卷七六，收入《景印文渊阁四库全书》第 1173 册，184 页。

③ （宋）真德秀：《故资政殿学士李公神道碑》，见《西山文集》卷四一，收入《景印文渊阁四库全书》第 1174 册，655 页。

三、程信：宋夏联合对金的巩州之役

程信在三人中资望较浅，所以关于他的材料相对较少，根据碑文"完实堡垒，梁洋奠安"，他在嘉定十年（1217）开始的军事行动中，主要在利州东路梁州、洋州一带负责对金作战。安丙再为宣抚使后，嘉定十二年（1219）十二月，程信为利州副都统制。① 这一调任是安丙联夏抗金行动人事安排的重要一步，安丙此时已经在考虑将对金军事行动中利州都统军队指挥权交给程信，和沔州都统张威一起作为进攻主力。利州都统和沔州都统就是吴曦之变前的兴州都统一分为二所成，当各有五军，是当时蜀口防御的绝对主力，据碑文"建麾古岷"，他应该是驻扎在西和州祐川县。《鼎勋堂记》立碑时的嘉定十三年（1220）七月，领有这两支主力部队的张威和程信已经在西和州一带集结，安蕃此时也任随军转运在这里筹集调运战略物资，作为基层亲民官的西和州大潭县县令，郭忆与三位直接或间接的公务交往必然频繁，郭忆要和他们搞好关系，以便于公务协调，所以为三人立生祠功德碑。一个月后，巩州之役就开始了。

而且似乎是由程信，而非职位较高的张威负责整个行动的协调

① （宋）刘克庄：《玉牒初草（皇宋宁宗皇帝嘉定十二年）》，见《后村集》卷四四，收入《景印文渊阁四库全书》第 1180 册，480 页。从进军路线上看，张威出天水、程信出长道，应该是与夏人协同作战的主力部队，金州都统等为策应部队。据金人记述，程信所领利州都统军人数为四万（《金史·赤盏合喜传》卷一百一十三，第 7 册，2493 页），这与吴曦之变以前兴州都统一支独大的情况不同，吴曦之变后，兴州都统一分为二，分出一半为利州都统，势力削弱，蜀口兵力分布有变化，利州都统军力当为五军，而且精锐的摧锋、踏白二军似乎在利州都统（《宋史·曹友闻传》卷四四九，第 38 册，13235 页），堪任主力。故程信职位是副都统，比张威低，但所控兵力并不比张威少。关于蜀口三大都统兵力等问题，可参考何玉红：《南宋川陕边防行政运行体制研究》，119 页。

指挥："安丙再开宣阃，许之①，命利州副都统制程信任其责。"②我们由此可推测出安丙做出任用程信的决策有他的理由：（1）张威认为西夏人反复，不可信任，故对联夏战略比较消极；（2）程信资望相对较浅、听话，他本人也希望借此建立功勋，对这一战略态度积极。程信的主要活动就是嘉定十三年（1220）积极执行安丙联夏抗金战略，是巩州之役的重要将领。

在立碑的嘉定十三年（1220）七月前后，安丙已经在策划一项重大的军事行动，这一行动把程信和安蕃、张威三人绾合其中，而且最终对他们的命运产生决定性影响。这一行动就是安丙联夏对金的所谓"巩州之役"。这是南宋历史上为数不多的宋夏之间直接实质性的交往、合作。③

南宋时期，金人攻取陕西，宋与西夏之间的实际交往不多，西夏与金之间的贸易交往较多，其间也不乏冲突战争，蒙古兴起以后，打破了原有的诸国间的力量平衡，金国拒绝援助受蒙古侵扰的盟国西夏，夏金交恶相攻，蒙古联夏攻金，金又大举攻宋。这一时期诸国之间的和战关系纷繁复杂。④ 就是在这种情况下，西夏神宗积极谋求与南宋合作，在陇蜀展开对金攻势，宋夏间的接触就在这种背景下产生。⑤

嘉定七年（金贞祐二年，西夏光定四年，蒙古成吉思汗九年，1214），金人受蒙古压迫，迁都南京（汴梁）。就在此年，一贯对金强

---

① 联合西夏夹攻金的计划。

② （元）脱脱：《宋史·夏国传》卷四八六，第 40 册，14027 页。

③ 此节涉及安丙的事迹，基本采用蔡东洲、胡宁的研究成果，见蔡东洲、胡宁：《安丙研究》。

④ 吴天墀：《西夏史稿》，88～94 页。

⑤ 关于南宋与西夏间联合军事行动的研究，蔡东洲先生有重要研究成果，见蔡东洲：《论南宋同西夏的关系》，见李范文主编，罗矛昆、张迎胜副主编：《首届西夏学国际学术会议论文集》，150～158 页，银川，宁夏人民出版社，1998；蔡东洲、胡宁：《安丙研究》，85～94 页。

硬的安丙策动了袭击金军的"秦州之役"，安蕃是这一行动的执行者之一。西夏也在不久后遣使至西和州宕昌寨，商议夹攻金人，或许是听闻了安丙的秦州之役，但此时安丙已卸任，继任董居谊对此不积极。

后来金又准备迁都西京以避蒙古。金兴定三年（嘉定十二年，1219）遣元帅赤盏合喜以重兵屯秦陇上游的军事重镇巩州，并在此前已经展开对南宋的军事进攻，以图廓清西疆，宋金在川陕、秦陇展开了激烈战争。西夏也受到金人西进的压力，这年三月西夏神宗派遣枢密使都召讨宁子宁、忠翼赴蜀议夹攻金秦州、巩州，当时的制置使聂子述让利州西路安抚使丁焴答书，合作的意向已经初步达成。但聂子述因红巾之乱而罢去，丁焴考虑到蜀中溃兵之乱不稳定，所以采取谨慎的态度，没有出兵。① 闰三月、四月，西夏对金人在秦陇地区展开一系列进攻，双方互有胜负。② 这两个月南宋蜀口前有全兴，后有张福、莫简之乱，丁焴肯定不敢履行与西夏合约出兵。一直到红巾平定后的六月，丁焴才以书约西夏人夹攻。十二月西夏人再申前议，责宋军失约，安丙此时再为宣抚使，同意西夏人合作的要求，也是此月，安丙任命程信为利州副都统制，主要负责联夏对金行动。如前所述，安蕃也是在这时被任命为随军转运，以准备、调集战备的物资、钱财。

嘉定十三年（1220）正月，西夏再以书来议夹攻；八月，宁子宁告以师期，安丙不待朝廷批准，命将出击：

（嘉定十三年九月）戊戌，四川宣抚司命诸将分道进兵：沔州都统张威出天水，利州副都统程信出长道，兴元副都统陈立

---

① （元）脱脱：《宋史·夏国传》卷四八六，第 40 册，14027 页；（宋）佚名：《续编两朝纲目备要》卷一五，汝企和点校，287～288 页。

② （元）脱脱：《金史·宣宗纪》卷一五，第 2 册，344 页；（元）脱脱：《金史·承立传》卷一一六，第 8 册，3551 页；（元）脱脱：《金史·西夏传》卷一三四，第 8 册，2874 页。

出大散关，兴元统制田胄为宣抚司帐前都统出子午谷，金州副
都统陈昱出上津。己亥，张威下令所部诸将毋得擅进兵。庚
子，质俊等克来远镇。辛丑，王仕信克盐川镇。壬寅，质俊等
自来远镇进攻定边城，金人来救，俊等击破之。乙巳，程信、
王仕信引兵与夏人会于巩州城下。丁未，攻城不克。庚戌，金
人犯皂郊堡，洮州统制董炤等与战大败。壬子，程信及夏人攻
巩州不克，信引兵趋秦州。丙辰，夏人自安远砦退师。

　　冬十月丁巳朔，程信邀夏人共攻秦州，夏人不从，信遂自
伏羌城引军还，诸将皆罢兵。戊寅，程信以四川宣抚司之命，
斩王仕信于西和州。四川宣抚司以张威不进兵，罢其军职。①

战役在宋、夏、金三国交界的川、秦、陇一带展开，巩州是双
方争夺的焦点，据金人的记载，战斗异常惨烈：

　　夏人攻巩州，合喜遣兵击之，一日十余战，夏人退据南
冈，遣精兵三万傅城，又击走之，生擒夏将刘打、甲玉等。讯
知夏大将你思丁、兀名二人谋，以为巩帅府所在，巩既下则临
洮、积石、河、洮诸城不攻自破，故先及巩，且构宋统制程信
等将兵四万来攻。合喜闻之，饬兵严备。俄而兵果至，合喜督
兵搏战，却之，杀数千人。攻益急，将士殊死战，杀伤者以万
计。夏人焚其攻具，拔栅而去。合喜已先伏甲要地邀之，复率
众蹑其后，斩首甚众。②

据以上史料，嘉定十三年(1220)九月乙巳，程信率领宋军与西
夏在巩州会合，宋、夏与金在巩州展开激烈的争夺，由于金人预先
知道宋夏联军攻取巩州的战略意图，并针对此进行防御部署，加上
金将赤盏合喜的正确指挥与顽强抵抗，宋夏合兵未能攻克巩州，各
自退兵。十月，程信再约西夏人攻秦州，西夏人不从。巩州之役以

---

① (元)脱脱：《宋史·宁宗纪四》卷四〇，第 3 册，775 页。
② (元)脱脱：《金史·赤盏合喜传》卷一〇三，第 7 册，2493 页。

失败告终，宣抚司追究责任，程信斩王仕信于西和州。

在这次行动中，安蕃、程信都是安丙联夏战略的积极执行者。程信的军队在争斗中最积极，打到巩州城下，与西夏军队实现会合。从巩州退下来后，十月，程信还在联络夏人共同夹击金秦州。安蕃在此前已为随军转运，为军事行动做好物资准备；巩州之役中假参议官同措置副戎司边事，其主要工作还是负责战争物资保障。张威在巩州之役中并不是联夏政策的积极支持者，他认为西夏人反复无常，所以不支持联合军事行动，行动刚开始他就持兵不进。战役结束后，宣抚司怒其不进兵，罢其军职。[①] 从安丙的战略部署看，张威的沔州都统军和程信的利州都统军为战役主力，应当共同在巩州和西夏会合，张威按兵不动，破坏战略部署，对巩州之役的失败确实要负责。

结　语

就在这一年，张威罢职后不久就死于利州；一年后的嘉定十四年（1221）十一月，安丙去世；再过一年的嘉定十五年（1222）四月，安蕃去世。四人中程信活的时间较长，宋理宗时，他还在蜀口负责防御，当时侍御史李鸣复在轮对中提到了程信。[②] 所以，立于嘉定十三年（1220）的生祠估计很快就没了香火，《鼎勋堂记》也随之湮没。通过对这一碑刻的研究，我们可以加深对于当时蜀口政治军事情势的认识和了解。

（1）《鼎勋堂记》涉及或间接涉及的四个人物，除安丙以外，其余三人都是南宋川陕武将、官员中的"二、三线人物"，但就是这一

---

① （元）脱脱：《宋史·张威传》卷四〇三，第 35 册，12215 页。

② （元）脱脱：《宋史·安丙传》卷四〇二，第 35 册，12194 页；（元）脱脱：《宋史·张威传》卷四〇三，第 35 册，12215 页；（宋）魏了翁：《知文州主管华州云台观安君墓志铭》，见《鹤山集》卷七五，收入《景印文渊阁四库全书》第1173 册，179～182 页。

级别的人物，在蜀口同样有生祠，这反映了蜀口作为军事特区的一些特点。军队将佐对当地地方行政和百姓生活影响巨大，而县令作为最基层的亲民官一方面要抚定治下百姓，另一方面也必须满足上方为军事行动而进行的物资人力调发，他必须在这两方面搞好平衡，立碑的大潭县县令郭忆就是这样一个角色。仔细阅读这块颂德碑，尤其着眼于歌颂三人的爱民保民："民以辑宁""百姓便安""始终吾民，仁厚一心"等。这虽然可能不完全符合事实，有奉承之嫌，但立碑者的用心和愿望还是明显的，在这种拥有强大权力的边境将佐辖区内治民，唯有通过这种软的颂扬来曲折地规范军人的行为。如果这种奉承可以取得一定效果，让军队在调发民间资源时哪怕有一点收敛，这种立生祠树功德碑的奉承还是划算的。尤其是碑文归结了地方希望表达的观点：不重民保民，军事上的成功不可能长久。如碑文所总结："夫有以振之于其始，而无以保之于其终；知所以震詟中外之心，而不知所以培□战守之本，则暂成而辄废，方宁而遽扰，可立待也。"这种曲折的智慧本为古代官/民、上/下间的一种普遍情况，只是在蜀口这种特殊地方表现得更为突出。

（2）对诸如当时蜀口安丙、吴曦等一线人物的研究，前引蔡东洲先生、何玉红先生等人的著作已经有了详细探讨。《鼎勋堂记》中的三人虽是当时历史中的"二、三线人物"，其功绩和历史作用比不上安丙这类"一线人物"，但他们同样是开禧、嘉定年间蜀中重大历史事件的参与者，并在其中起到了重要作用。三人有一些共同的特点，他们都是平定吴曦之乱以后成长起来的将领、官员，平定吴曦之乱是他们人生的转折点，安蕃由白身入仕途，张威由下级军官逐渐升职为蜀口防御中的重要将领，程信的提升可能更晚一些。三人都在嘉定十年（1207）开始的对金抗击战中起到重要作用，建立功勋，他们是一线人物制定的战略的具体实行者，也是一大批抗金前线将佐、官员的代表。具体执行战略时，变数就很大，情况也更复杂。对平定红巾军，安蕃、张威积极听命于安丙，同心协力，所以能迅速奏功。而在另一些事务上却显示不同的立场和决策，比如安蕃、程信是安丙对金进攻战略的坚决执行者，安蕃负责财计和物资保障，程信负责军事指挥，全力以赴，尽职尽责；而张威在这一战略上态度比较消极，屯兵不进，一定程度上要对巩州之役的失败负责。将帅意见不统一，各自行事，导致战争失败，蜀口防御战中，这一情况已经出现不止一次。

（3）本文叙述的蜀口宋、夏、金之间的战争，包括由于战争引发的红巾之乱，放在更大的背景下其实是蒙古掀起的征服波澜在蜀口的反映。当时西夏人、金人受到蒙古压迫，金人转而攻击南宋，寻找生存空间，西夏人谋求与宋合作共同对抗金，同样是寻求生存空间。这在蒙古征服的西亚地区也引起类似的连锁反应。13 世纪初的南宋嘉定年间前后，延续了相当长时间的民族政权间的平衡即将由于新兴的草原帝国的征服而被重新打破、整合，这一变化无论从宏观尺度还是从微观尺度都可以看得到。① 我们希望寻找更微观具体的视角，探究这一历史大波澜扩散开来，在特定地域激起的浪花。《鼎勋堂记》涉及几个人物的命运与这一重大历史进程发生了联系，更是这一惊涛骇浪中的涟漪。个人的力量虽然微小，但就是无数微小的浪花、涟漪、浮沫，构成了历史的大浪。当事的主人公未必全然知晓那些导致他们命运起伏的历史大势，我们后来的研究者有幸以"后见之明"的眼光把他们各自的命运放到宏大的历史背景中去探究。在叙述历史时，我们不仅应注意那些伟大人物和重大事件，也应该把研究的目光放得更仔细，探究历史进程中无数丰富的个案和细节，力图呈现相对完整的历史图景。本文利用碑刻，在前人研究的基础上，进一步把视角引向更基层的将官，这种更微观、具体的研究希望能够丰富我们对当时蜀口复杂形势的认识，进而从一个侧面呈现蒙古在 13 世纪掀起的征服波澜的细节，揭示历史进程中更细密、生动的肌理。

---

① 黄宽重先生提出"嘉定现象"的概念，呼吁把宁宗嘉定年间社会的各种变化放在更宽广的视野中加强研究，探索其在南宋乃至中国历史转变的地位与特性。黄宽重：《"嘉定现象"的研究议题与资料》，载《中国史研究》，2013(2)。

附：

鼎勋堂记[①]

吴蜀称为唇齿，安危□害之□□，吴蜀固则京畿尊安，四海用康；否则圣君贤臣，宵旰咨度，□走□□□，手足无济，腹心为之忧劳，不遑宁居。蜀为□□开系而□□五□，又曰蜀之外户也。然五郡休戚，尝视西边，岂非五路之冲，敌兵出入之枢，□绕力强，其利害又非他郡比耶！丙寅调兵，曦贼中变，坐□□凶，□出□氏□时，危疑未宁。今□□安公，□护天水，□誉所加，民以辑宁。轺车载临，边境休肃，敛不及民，廪粟饬饬。兵□农嬉，蜀犬夜吠，戊寅之冬，虏复犯边，武休不守，兵满梁汉，黜将精骑，直寇三泉。都统张公，设伏出奇，据□遏逾，酋长俘献，徒旅尸骿，喋血百里，草为之丹。而□祸方戢，叛卒□起，贼□卿长，焚劫郡邑，全蜀动摇，虏焰继炽，阴□□□，□宣闻命，公提兵复出，贼众就擒，蜀遂安妥。□帅程公，遹迫师师，孤□夜遁；完实堡障，梁洋奠安；建麾古岷，仁勇兼济。三军□□，百姓便安。夫有以振之于其始，而无以保之于其终；知所以震詟中外之心，而不知所以培□战守之本，则暂成而辄废，方宁而遽扰，可立待也。故边陲千里，万口一辞□曰："始终吾民，仁厚一心，军不告乏，民不告病者，安公之德也"，"力排大难，扫清群凶，夷虏知畏，奸徒帖葸者，张公之德也"，"镇肃边方，□□军政，兵得其职，民赖以安者，程公之德也"。是宜合而祠之，以激方□，□令□□，筑堂皇觉，名之"鼎勋"，民咸谓宜，于是乎记。

安公讳藩字叔衍，广安人，随军转运使。

张公讳威字德远，天水人，正都统制。　程公讳信字子忠，凤□人，副都统制。

---

① 抄录自礼县博物馆、礼县老年书画协会编印：《礼县金石集锦》，87 页。句读略有不同。

　　嘉定十三年七夕日。迪功郎宜差西和州大潭县令主管劝农营田公事搜捉饷钱出届兼营兵马公事总管忠胜军马郭忆记

图 1　《鼎勋堂记》拓片图版①

图 2 《嘉定刻石》拓片刻石图版①

陇南过渡地带夷夏互动个案之二：
元代汪古部礼店赵世延家族与文化考述

　　汪古部（Onggut），又作雍古部，是金元时期生活在漠南大青山地区的一个部族，操突厥语，是唐代西突厥沙陀人的后代，也被称为白鞑靼。汪古部有四个重要家族即汪古部长阿剌兀思系、马氏、耶律氏、赵氏，信奉景教（基督教聂思脱里派），前三支生活于漠南地区，赵氏早期也生活在古云中的内蒙古、山西一带，后来随蒙古征伐迁徙，主要生活于甘南礼县一带。[①] 赵氏家族祖先按竺迩

　　① 关于汪古部及其基督教信仰的研究可参考［法］伯希和：《唐元时代中亚及东亚之基督教徒》，见冯承钧编译：《西域南海史地考证译丛》第1卷第1编，北京，商务印书馆，1995；陈垣：《元西域人华化考》，上海，上海古籍出版社，2008；［日］樱井益雄：《汪古部族考》，潘世宪译，载《东方学报》（东京），第6册，1936；［日］佐伯好郎：《内蒙古百灵庙附近的景教墓石》，载《东方学报》（东京），第9册，1939，译文见内蒙古大学蒙古史研究室编：《蒙古史研究参考资料》新编第14辑，1980；［日］佐伯好郎：《再论百灵庙附近的景教遗迹》，载《东方学报》（东京），第11册，译文见内蒙古自治区文物工作队编：《文物考古参考资料》第1册，1979；周清澍：《汪古部事辑》，见中国蒙古史学会编印：《中国蒙古学会成立大会纪念集刊》，1979，后收入周清澍：《元蒙史札》，呼和浩特，内蒙古大学出版社，2001；周清澍：《敖伦苏木古城的若干问题》，载《内蒙古大学学报（哲学社会科学版）》，2014（3）；盖山林：《元"耶律公神道之碑"考》，载《内蒙古社会科学（汉文版）》，1981（1）；盖山林：《阴山汪古》，呼和浩特，内蒙古人民出版社，1991；盖山林：《中国北方草原地带的元代基督教遗迹》，载《世界宗教研究》，1995（3）；周良霄：《元和元以前中国的基督教》，见元史研究会编：《元史论丛》第1辑，北京，中华书局，1982；周良霄：《沽源南沟村元墓与阔里吉思考》，载《考古与文物》，2011（4）；邱树森：《元代基督教在蒙古克烈、乃蛮、汪古地区的传播》，载《内蒙古社会科学（汉文版）》，2002（2）；Atwood P. Christopher（艾骛德），"Historiography and Transformation of Ethnic Identity in the Mongol Empire: The Öng'üt Case", *Asian Ethnicity*, 2014, vol.15, No.4, pp.514-534；赵琦：《河北省沽源县"梳妆楼"元蒙古贵族墓墓主考》，载《中国史研究》，2003（2）；何兆吉：《雍古马氏家族源流考略》，载《西北第二民族学院学报（哲学社会科学版）》，1993（2）；胡小鹏：《元巩昌汪氏非汪古族考》，载《西北大学报（社会科学版）》，1994（6）；汪受宽：《巩昌汪氏的族属及其与徽州汪氏的通谱》，载《民族研究》，2006（3）。感谢聂鸿音、申万里、辛蔚、Atwood P. Christopher、Anne Gerritsen等师友对本文提供的材料和宝贵意见，感谢 The Conference on Middle Period China 800—1400（Harvard University, June 5-7, 2014）、四川大学历史系"10—20世纪社会文化研讨班"提供了听取广泛意见的平台。

少孤，为外大父达工收养，达工是在金西部边疆为其牧马守边的一支汪古部族的首领，姓"术要甲"，连读音转为"赵家"，子孙遂以赵为姓。自按竺迩归顺成吉思汗起，参加了几乎所有秦陇川蜀一线的重大战役，1237 年，按竺迩建议元太宗在礼店（今甘肃省礼县）设立军民元帅府，子孙居于此地，世代袭职。赵氏前两代人在蒙古对金、宋的战争中战功赫赫，从第三代赵世延开始由武功世家转型而为文化世家，历仕九朝，成为元代名臣。赵世延子孙亦继承家族文化传统，活跃于元代中后期。赵氏家族由武而文，认同儒道文化的转型其实也是元代蒙古、色目人与中原文化融合的典型个案。学界关于汪古部的成果集中于阿剌兀思系、马氏、耶律氏三支，以及被认为是汪古的巩昌汪氏，对礼店赵氏的研究相对较为薄弱。

一、"惟雍古氏，方叔召虎"：赵氏家族世系与人物

自成吉思汗时代赵氏家族几代就随蒙古大军征伐平叛，战功卓著，程钜夫所撰、赵孟頫书丹的《敕赐雍古氏家庙碑》（见后所附图 2）赞扬其家族"惟雍古氏，方叔召虎"，把赵氏祖先比为周代的功臣方叔、召虎。赵氏世系及主要人物事迹主要见于三类材料：（1）《元史》中的《按竺迩传》《步鲁合答传》《赵世延传》；（2）礼县为赵氏世袭礼店元帅府所在地，当地保留的《敕赐雍古氏家庙碑》《大元崖石镇东岳庙之记》《湫山观音圣境之碑》《建西江庙记》《礼店东山长生观碑记》《黑池德圣忠惠威显广济王神道碑》《赵氏寿考墓碑》等一组碑刻是赵氏家族世代经营礼店的见证，其中也透露赵氏家族世系信息。由于地处边远，学界对这批碑刻关注不够；（3）文集碑传材料，程钜夫所撰《赵氏先庙碑》（《雍古氏家庙碑》），元明善《雍古公神

道碑》。① 根据这些史料可以勾勒出赵氏家族世系及主要人物的事迹：

（Ⅰ－1）达工：按竺迩外大父，汪古部，姓术要甲，名达工，金群牧使。按竺迩少孤，由达工抚养。1211 年（成吉思汗六年，金卫绍王大安三年、宋宁宗嘉定四年），蒙古开始大规模攻打金国，此年"冬十月，袭金群牧监，驱其马而还"②，达工死于此役。《元史·按竺迩传》称达工"驱所牧马来归太祖，终其官"③，不实。

（Ⅱ－1）按竺迩：1211 年为蒙古收养，年十四，隶于皇子察合台部，是蒙古对金战争中早期的归附者。1214 年，成吉思汗九年甲戌，从西征之役。1227 年，成吉思汗二十二年丁亥，从成吉思汗攻打积石、临洮、顺德，七月成吉思汗病逝，按竺迩仍在继续攻打巩州府，未能攻下后从秦州撤退。1228 年，蒙古拖雷监国，按

---

① 按竺迩等人传见《元史》卷一二一，第 10 册，2982～2987 页；（元）脱脱：《元史》卷一三二，第 11 册，3207～3208 页；（元）脱脱：《元史》卷一八〇，第 14 册，4163～4167 页。礼县碑刻拓片、录文见礼县博物馆、礼县老年书画协会编印：《礼县金石集锦》，89～115 页。（元）程钜夫：《赵氏先庙碑》，见《雪楼集》卷五，收入《景印文渊阁四库全书》第 1202 册，56～58 页；（元）元明善：《雍古公神道碑铭》，见（明）解缙等：《永乐大典》卷一〇八八九，第 5 册，4507～4508 页，北京，中华书局，2000。今人研究可参考李天鸣：《宋元战史》，台北，食货出版社，1988；化一：《元代政治家赵世延》，载《西南民族学院学报（哲学社会科学版）》，1982(3)；陈启生：《礼店文州元帅府考述》，载《西北师大学报(社会科学版)》，1994(3)。论及赵氏在明代的后裔的研究可参考李克郁：《土族赵土司族系考》，载《青海民族学院学报(社会科学版)》，2002(1)；高智慧、武沐：《〈岷州卫建城碑文〉与岷县〈二郎山铜钟铭文〉考论》，载《青海民族大学学报(社会科学版)》，2011(2)；陈垣对赵氏一门喜文好道的华化取向有较早研究，可参考《元西域人华化考》一书。陈垣先生著述旨在全面展示西域人的华化，涉及众多色目家族，对赵氏一门落墨不多，本文第一部分考订赵氏家系、事功，第二、第三部分将论述范围扩及赵世延上下两代，在陈垣先生研究的基础上结合新材料，更深入展示这一汪古色目家族入后文化取向的转变。

② （元）脱脱：《元史·太祖本纪》卷一，第 1 册，15 页。

③ （元）脱脱：《元史·按竺迩传》卷一二一，第 10 册，2982 页。

竺迩受命稳定刚取得的西夏土地，镇守删丹，删丹原为西夏甘肃军司驻地，控扼西北，按竺迩置驿于张掖、酒泉、玉门关，保障通往西域道路畅通。1231年蒙古窝阔台三年辛卯，参与围攻凤翔，负责西南方向进攻，二月破凤翔，杀金守将刘兴哥。同时，在围攻凤翔期间按竺迩已经开始参与"借路之役"，即蒙古借道宋境绕过潼关，从唐、邓二州攻打金汴梁的战略。借路成功后，蒙古大军出现在金后方，按竺迩破邓州西小关子，在蒙金决战的均州三峰山战役中，"先所部摧其前拒"，攻破金军阵地防守工事。1233年，元太宗窝阔台五年癸巳，金天兴二年，金主弃汴梁走蔡州，按竺迩从都元帅塔察尔围攻蔡州，次年正月破城，金哀宗自杀，金亡。1235年，按竺迩随皇子阔端进攻巩昌，说降金余部巩昌汪世显，以功拜征行大元帅。1236年，窝阔台八年丙申，阔端攻打四川，按竺迩从亲王穆直右路军攻下会州，杀金余部兰会洮河元帅郭虾蟆。十月按竺迩所在穆直右路军与左路军汇合，十月二十一日攻破成都，屠城后撤军。1237年，窝阔台九年丁酉，以都元帅开阃设置礼店元帅府。1238年，从都元帅塔海伐蜀，克隆庆府。1238年，攻重庆。1239年，万州之战，败宋军于夔门。1241—1244年，窝阔台十三年辛丑至乃马真皇后称制三年，按竺迩、汪世显随蒙古都元帅土薛攻四川，攻克遂宁、泸州、资州等地。世祖立，按竺迩引兵出删丹耀碑谷，在亲王阿合马军中，参与平定浑都海、阿蓝达尔。1263年，中统四年癸亥，病逝。延祐元年（1314），赠封秦国公。

（Ⅲ—1）车里（阔里、撒里、徹里）：按竺迩之子，袭职为元帅。1257年，蒙哥汗七年，随元帅纽璘攻四川，攻云顶山，宋将姚德降。南下攻重庆，渡马湖江，在马老山击溃宋军。世祖即位为奥鲁元帅，又改征行元帅。以病废，卒。

（Ⅲ—2）黑仔（黑梓，赵国宝）：按竺迩之子，继车里后袭职为元帅。中统元年从父攻阿蓝达尔有功，擒阿蓝达尔余部火都于点西

岭。袭职后将元帅府重点从进攻陇蜀转向安定文州等地吐蕃，招文
州吐蕃降勘陀孟迦、扶州羌呵哩禅波哩揭，使其入觐。国宝被授三
品印，为礼店蒙古汉军元帅兼文州吐蕃万户府达鲁花赤。1267年，
世祖至元四年，卒。延祐元年(1314)，赠封梁国公。

(Ⅲ—3)铁木尔(赵国安)：按竺迩子。国宝将卒，子幼，令铁
木尔袭职。前至元十五年(1278)讨伐叛王吐鲁于六盘山。辞世职，
还授国宝子世荣。以六盘之功为昭毅大将军招讨使，后为随路拔都
万户，镇重庆。

(Ⅳ—1)步鲁合答：车里之子。前至元二年(1265)代父领军，
四年(1267)授管军千户。前至元九年(1272)，宋将万寿攻成都，签
省严忠范派步鲁合答迎击，败之于沙坎。前至元十一年(1274)，隶
汪良丞部攻嘉定(今四川省乐山市)，克敌于九顶山。攻重庆，克敌
于广羊坝。前至元十三年(1276)，夺回泸州的战役中，攻克宝子
寨。前至元十六年(1279)，以克重庆之功为征行元帅。前至元
二十一年(1284)，征金齿蛮，平之。从都元帅蒙古歹征罗必甸。从
征八百媳妇，攻至其酋长所在地车里。授怀远将军云南万户府达鲁
花赤。

(Ⅳ—2)赵世延：赵国安子，弱冠蒙世祖召见，入枢密院、御
史台习官政。前至元二十一年(1284)授云南诸路提刑按察司判官。
前至元二十六年(1289)，擢监察御史，劾丞相桑哥不法。至大四年
(1311)，中奉大夫陕西行台御史。皇庆二年(1313)，由浙江行台参
知政事召回拜侍御史。延祐三年(1316)劾右丞相帖木迭儿，迁翰林
学士承旨。元仁宗死后被重掌大权的帖木迭儿报复，入狱几遭不
测。泰定元年(1324)为集贤大学士。泰定四年(1327)为御史中丞，
旋又迁中书右丞。文宗天历二年(1329)加奎章阁大学士，八月拜中
书平章政事。至顺元年(1330)，主修《经世大典》，加翰林学士承旨
封鲁国公，旋归隐茅山养疾。至顺二年(1331)，改封凉国公。后至
元元年(1335)，仍除奎章阁大学士翰林学士承旨中书平章政事。后

至元二年(1336)，卒，年七十七。

（Ⅴ—1）**野峻台**：赵世延子。由黄州路总管擢四川行省参知政事，与平章咬住讨伐叛军，死于江陵，追封涼国公。

（Ⅴ—2）**月鲁**：赵世延次子，浙江行省理问官。

（Ⅴ—3）**伯忽**：赵世延三子，夔州路总管。天历初，囊加台据蜀叛，死于难，追封蜀郡公。又作"巴哈"，泰定元年(1324)曾入为秘书监丞。①

（Ⅴ—4）**霍立台(深持)**：世延兄世荣之子，袭世职。

赵氏第五代野峻台、霍立台已近元末，《赵氏寿考墓碑》记述了深持以后入明的赵氏世系，一直记录到弘治年间。② 至今《雍古氏家庙碑》旁边居住的赵姓人仍称是赵世延子孙。洪武年间，礼店分为礼店前千户所和礼店后千户所，隶属岷州卫，据《二郎山铜钟铭文》赵氏子孙仍世袭为礼店前(后)千户所千户。③ 赵氏世系见后附表2。

---

① （元）王士点、商企翁编次：《秘书监志》卷九，高荣盛点校，178页，杭州，浙江古籍出版社，1992。

② 《赵氏寿考墓碑》所载世系从按竺迩一直到明弘治年间，其间不乏错误，如国宝误为国瑶。但唯有此文记载赵世荣以后袭职世系，姑且录以备考。《大元崖石镇东岳庙之记》碑阴题名中"前西番达鲁花赤礼店文州蒙古汉军军民元帅亦辇真""礼店文州蒙古汉军西番军民元帅翔鸮石麟"可能是顺帝时人礼店任职的另一世袭家族，并非赵氏。陈启生《礼店文州元帅府考述》一文认为亦辇真是赵世荣子，似证据不充分。这一时期礼店元帅府发生什么变化人们尚不清楚。

③ 洪武十六年《二郎山铜钟铭》碑阴题名："礼□□千户所□□将军管军正千户赵□□"，据高智慧、武沐考证当为明初袭职的按竺迩后裔，见高智慧、武沐：《〈岷州卫建城碑文〉与岷县〈二郎山铜钟铭文〉考论》。《二郎山铜钟铭》现存岷县博物馆，县志、《陇右金石录》均未载，高、武文刊布录文。《明太祖实录》卷六九："洪武四年十一月庚午，置礼店千户所，以孙忠谅、赵伯寿为正千户，石添寿等为副千户。忠谅本文州汉军，为西番万户府正万户。夏主授以副元帅、达鲁花赤。闻颍川侯傅友德征蜀，师次秦州，率所部降，与汉番千户王均谅具从有德，克阶、文二州。至是，蜀平，忠谅率其军民千户、世袭达鲁花赤赵阿南、赵伯寿，东寨千户唐兀不花、达鲁花赤石添寿等入朝贡马。"（《明太祖实录》）此处礼店赵伯寿、赵阿南亦当为按竺迩后裔袭世职者。

二、"能令将种为书种"：
赵氏家族的文武转型与赵世延的儒学、艺术成就

从按竺迩算起，赵氏家族最初两代是以武力著称，在蒙古兴起壮大的时代跟随太祖、太宗、宪宗四处征伐，从世祖忽必烈时代开始，赵氏第三代赵世延完成了从武功家族向文化家族的转化，这位出生于武功家族的贵胄子弟成了元代中前期著名的文士，史称其"天资秀发，喜读书，究心儒者体用之学"①。元代世祖时代开始，大型的征战渐渐减少，朝廷对天下的治理更依靠行政管理而非武力征服，以武功获得荣誉与权力的家族如果要在新的环境保持住固有地位，必须进行文化转型。在靠近礼县的陇西成纪，"国初邑人为立一石表曰：汉李将军故居。迁轩赵鲁公世延亦立一石表曰：唐谪仙李翰林故里"②。蒙元初年，人们记住的是能征惯战的汉将军李广，到了赵世延时代，他表彰的却是文采风流的诗仙李白。又如在四川合江有一个读书岩的名胜，赵世延晚年闲居金陵，专门为此写了一篇《先氏书岩记》："合江之北有神臂山，呀然虚开，清窈竦深，广袤百十步，飞泉帘垂，列巘屏矗，岚光林影，映带左右，与尘凡迥隔，山之麓即先氏书岩。志云：铁泸城三里读书岩，父老往往过之闻书声，后神童先汪七岁至其地，曰：吾读书故处也。遂寝处其中，为九经注。"③这个传说里面岩石里传来的读书声、注解九经的

---

① （元）脱脱：《元史·赵世延传》卷一八〇，第 14 册，4163 页。

② （元）蒲道源：《新修二贤祠堂记》，见《顺斋先生闲居丛稿》卷一四，收入《四库提要著录丛书》集部，第 348 册，172 页。

③ （元）赵世延：《先氏书岩记》，见（明）曹学佺：《蜀中广记》卷一六，收入《景印文渊阁四库全书》第 591 册，203～204 页。虞集跋此文："凉国公勋业闻望著于天下，我国家之蓍龟也。年七十余，闲居金陵，又以文章、学问为吾道砥柱，其得于天而裕于人何其盛哉！读书崖之记，序其源委，博赡考据，乡里晚生后进盖有不及闻者"，至顺元年（1330）赵世延养疾金陵茅山，至顺二年（1331）改封凉国公，至元元年（1335）仍为鲁国公，《先氏书岩记》当写于至顺二年至至元元年间，赵世延是年七十余。

神童先汪这些富有神仙与文化意蕴的情节一定打动了暮年的赵世延，写下这一优美的文章，引来虞集的一派感叹。这些细节很能说明元代由武到文的风气转变以及赵世延本人的价值取向。

考虑到并非每个武功家族都能在王朝建立后完成向文化的转型，这种成功的转型当然与赵氏家族对文化的一贯重视有关，据《大元敕赐雍古氏家庙碑》：按竺迩"虽积苦兵间，而敬礼儒生，恒戒军中无毁文籍"，其子赵国宝"虽出将家，自幼学问，雍容闲雅，容□甚都"，可见赵氏前两代虽在行伍征伐之中也比较重视文化，这虽有撰碑者谀辞夸大的成分，但不排除其中有可信的成分。碑文称颂赵世延："中丞服膺诗书，动必以礼，高才妙节，负天下之众望"，赵世延历元代九朝，除政治上的功绩外，对文化的贡献也非常突出，确为元代文化史上的重要人物。

纵观家庙碑，除对赵氏武功业绩的记述以外，就是强调整个家族文脉的传承："尊天子之命，考先王之礼，于报本始，教孝移忠之义，盖惓惓也。诗不云乎：以似以续，续古之人。斯可谓能似续者矣。"这就是强调赵世延是继承家族固有的武功和文脉传统。家庙碑这类文体一般要符合委托方的意思，撰写者程钜夫这样的说法也是符合赵世延的想法的，或就是出于赵世延的"授意"。对赵氏武功的记述基本是符合历史实际的，而对赵氏家族文脉相承的说法就更多出于赵世延对祖先的建构。有意思的是赵世延按自己的想象和意愿，塑造了一个重视文化，文脉相承的家族传统，以此来强调自己的文化地位不是出于"转型"而是出于渊源有自的"继承"，此乃所谓"能似续"的深意所在。赵世延是这一家族成功转型的代表，纵观其一生，虽未袭祖爵，但是以更符合时代要求的政治手腕、行政管理和文化艺术才能不仅巩固了祖先固有的地位，而且把家族的荣誉和权力推到更高的程度。在这种文化背景下，赵世延追述祖先业绩时当然愿意放大崇文的成分，以建构家族的文化系谱。建构崇文的祖先系谱可以使他的出身不仅只是起起武夫，而是文治风雅渊源有自、积累深厚，这样与广泛交往的江南士大夫在心理上就有更多认同。赵孟𫖯赠赵世延的《赵子敬御史志养堂》表达了江南士大夫对其家族由武而文的转型的认同："能令将种为书种，可是斑衣胜绣衣"①。赵世延奉母之堂取名"志养"，典出曾子养亲之道，孝道是儒家斯文理想的重点，取名"志养堂"，寄托世延践行儒家孝道的理想。前一句赞扬赵母教子之道，虽出于武勇门庭，而能养成读书种子；后句"斑衣"用老莱七十斑衣娱亲的典故，赵孟𫖯借此赞扬赵世延能以武力功勋之"绣衣"世家，而行斯文孝敬之儒家理法之道。又陈垣先生指出：元贞元年，赵世延除江南行御史台都事，丁内艰不赴。当时丁忧之制尚未著为令甲，赵世延自愿践行儒家礼制。②

赵世延在当时是具有重要文化地位的人，家庙碑的撰写人程钜夫和书篆者赵孟𫖯也都是同时的文化巨擘，也是江南文化的代表人物，朝野目为文坛领袖。这一文章书法双美合璧的碑刻之所以能够完成就是得力于赵世延在当时文坛的广泛交游和重要地位，家庙碑从经营到成立经历了较长时间，碑立于至元三年丁丑(1337)，此前一年赵世延已经去世。而碑文的撰写时间更早，碑文中称赵世延官衔为"中丞"，赵世延在仁宗延祐二年(1315)、泰定帝泰定四年(1327)、文宗天历元年(1328)在朝中三次出任御史中丞；家庙碑中赵孟𫖯结衔为"集贤学士、资德大夫"，延祐元年(1314)赵孟𫖯改迁此职衔，延祐三年(1316)已经迁翰林学士承旨、荣禄大夫。故家庙碑写于延祐二年或三年，此时赵世延在御史中丞任上而赵孟𫖯为集贤学士、资德大夫，同在朝中为官。程钜夫延祐初在朝为翰林学士承旨，是恢复科举讨论中的重要人物，建议科举经学主程朱传注、文章革唐宋宿弊，并起草贡举诏书。③ 赵世延在此期间领国子学，

---

① （元）赵孟𫖯：《赵子敬御史志养堂》，见《赵孟𫖯集》卷四，钱伟疆点校，105 页，杭州，浙江古籍出版社，2012。

② 陈垣：《元西域人华化考》，100 页。

③ （元）脱脱：《元史·程钜夫传》卷一七二，第 13 册，4017 页。

积极推动书院建设和儒家教育，志趣相合，与诸人交往甚多，故请他们撰书家庙碑和神道碑。二十多年以后家庙碑树立起来，此时三人均已不在人世，早在延祐三年程即因病南还退养，延祐五年（1318）即病逝，家庙碑为其晚年作品。赵孟頫至治二年（1322）卒，赵世延卒于立碑前一年的至元二年（1336）。

赵世延请程钜夫撰文、赵孟頫书篆，源于与他们交往的密切。至元二十六年（1289）在反对桑哥的斗争中，程钜夫为江南行台御史，赵世延为监察御史，都曾弹劾桑哥。① 赵孟頫也因反对桑哥被世祖“命卫士批其颊，血涌口鼻，委顿地上。少间，复呼而问之，对如初”②。三人在世祖时代反对桑哥的时候已为政治盟友。而且延祐二年为元代科举首科之年，赵孟頫、赵世延、元明善同为此科读卷官，元明善为赵世延撰写《雍古公神道碑》大概也是这期间，因其中称赵世延为“参政”，赵世延延祐元年已为“中书参知政事”，延祐二年的官职仍为中书参知政事。③ 延祐二年左右，赵世延与程钜夫、赵孟頫、元明善同朝共事，政治取向和文化志趣都比较契合，所以利用交游的机会请他们撰写《家庙碑》和《神道碑》。

赵世延在文宗设立的奎章阁中担任大学士，和下一辈的文坛重要人物虞集、许有壬交往密切。奎章阁是文宗聚集文人学士，谈诗论画，编订典籍，咨询顾问的机构，荟萃了当时最优秀的士大夫。赵世延当时已年届七旬，是文坛的老宿前辈，以奎章阁大学士为阁中领袖之一。赵世延与虞集最重要的合作就是共同主持编撰《经世大典》，虞集还为赵世延作了《赵平章画像赞》，赵世延死后为哀辞

---

① （元）脱脱：《元史·赵世延传》卷一八〇，第 14 册，4163 页；（元）脱脱：《元史·程钜夫传》卷一七二，第 13 册，4016 页。

② （元）脱脱：《元史·赵孟頫传》卷一七二，第 13 册，4021 页。

③ （元）脱脱：《元史·仁宗二》卷二五，第 2 册，563 页；（元）许有壬：《跋首科贴黄》，见《至正集》卷七二，收入《景印文渊阁四库全书》第 1211 册，510 页。

二首悼念。赵世延与许有壬既是座主门生又是翁婿，赵世延将爱女
赵鸾嫁给许有壬。至治元年（1321）赵世延受权相帖木迭儿陷害入
狱，许有壬上书请予平反。天历元年（1328），赵世延退隐金陵，有
壬撰《瑞瓜颂》贺其居所祥瑞。① 此外，赵世延奖掖后进，朵儿只、
同恕、韩性、陈旅、黄一清、李孝光②皆蒙其推奖，这些人后来都
成为具有重大影响力的学者、官员，其中朵儿只为木华黎六世孙，
脱脱子，后为中书左丞相。朵儿只从兄为拜住，英宗朝为丞相，与
赵世延关系较好，权臣帖木迭儿欲置世延于死地，拜住屡言其无
辜，令出狱养疾。同恕、韩性、陈旅在学术和教育上有成就。同恕
有诗赠赵世延："西台功最倚申卿，南省谘询待魏徵"③，把他比作
魏徵；陈旅也称颂赵世延："我相国平章公实唯元气之会，笃生大
贤，以任斯道之重。故其仁足以泽物，智足以周天下之虑，而勇足
以正邦国之纪"④；李孝光因赵世延为国老而能礼贤下士，为著《赵
鲁国公政录》。⑤ 赵世延一贯重视振兴儒学教育，推动恢复科举。
皇庆二年（1313）在陕西行台侍御史任上，建立鲁斋书院，聘请著名
学者同恕领学事；并且在书院立张载、杨元复、许衡三先生祠

① 萧启庆：《九州四海风雅同：元代多族士人圈的形成与发展》，150～
151、175～178 页，台北，"中央"研究院、联经出版事业股份有限公司，2012。

② （元）脱脱：《元史·朵儿只传》卷一三九，第 11 册，3353 页；（元）脱
脱：《元史·同恕传》卷一八九，第 14 册，4327 页；（元）脱脱：《元史·儒学
二》卷一九〇，第 14 册，4343、4347 页；（元）黄溍：《秋江黄君墓志铭》，见
《黄溍集》卷二六，第 4 册，王颋点校，941 页，杭州，浙江古籍出版社，2013。

③ （元）同恕：《送赵子敬侍御移参浙省》，见《榘菴集》卷一三，季梦生校
勘，147 页，太原，山西古籍出版社，2003。

④ （元）陈旅：《上赵平章书》，见《安雅堂集》卷一三，收入《景印文渊阁
四库全书》第 1213 册，172 页。

⑤ （清）孙诒让撰：《温州经籍志》卷九，潘猛补点校，397 页，北京，中
华书局，2011。

堂。① 至大年间，四川肃政廉访使任上的赵世延在成都积极恢复学校教育，"选秀民二十上下者，复其身，补弟子员。定章程，树令于学，以明经治行为业"，并划拨学田，"会其利入，岁以为赡学永业"。② 延祐三年（1316），又捐俸禄在绵竹张栻故居兴建紫岩书院。③ 宋末战乱中被毁的蜀中儒学教育因此得以逐渐恢复。

在朝之日，赵世延因其学问与威望一再主政国子学，延祐元年（1314）三月，纲领国子学，次年八月，"增国子生百员，岁贡伴读四员"④，此当出其建议。泰定四年（1327）十二月，赵世延提调国子监⑤，推荐陈旅为国子监助教，深受学生敬佩，"居三年，考满，诸生不忍其去，请于朝，再任焉"⑥。赵世延还为程端礼的《程氏读书分年日程》作序，认为此书"广朱、真二先生遗意，述读书肄业法以惠承学之士……使家有是书，笃信而践习如规，一旦功夫纯熟，上焉者至于尽性知天，下焉者可以决科取仕"⑦，在他支持下"国子

---

① （元）程钜夫：《论立鲁斋书院》，见《雪楼集》卷一，收入《景印文渊阁四库全书》第1202册，6页；（元）程钜夫：《鲁斋书院记》，见《雪楼集》卷一三，收入《景印文渊阁四库全书》第1202册，173页；（元）许有壬：《鲁斋书院记》，见《至正集》卷四三，收入《景印文渊阁四库全书》第1211册，312～313页；（元）脱脱：《元史·同恕传》卷一八九，第14册，4327页；（元）张养浩：《奉元路鲁斋书院三先生祠堂记》，见《归田类稿》卷五，收入《景印文渊阁四库全书》第1192册，516页。

② （元）罗寿：《成都赡学田记》，见（明）杨慎编：《全蜀艺文志》卷三六，刘琳、王晓波点校，1024页，北京，线装书局，2003。

③ （元）张养浩：《敕赐成都紫岩书院记》，见《归田类稿》卷五，收入《景印文渊阁四库全书》第1192册，517页；雷晓光：《绵竹县紫岩书院》，载《四川文物》，1988(3)。

④ （元）脱脱：《元史·仁宗二》卷二五，第2册，564、571页。

⑤ （元）脱脱：《元史·泰定帝二》卷三〇，第3册，683页。

⑥ （元）脱脱：《元史·儒学二》卷一九〇，第14册，4347页。陈旅在国子助教任上两考共六年，元统二年（1334）出为江浙儒学副提举，故其为助教是在泰定五年（1328），此时赵世延正"提调国子监"。

⑦ （元）赵世延：《〈程氏读书分年日程〉序》，见李修生主编：《全元文》卷六七五，第21册，685页，南京，江苏古籍出版社，2001。

监颁示郡邑校官，为学者式"①，将此书推广全国。此书讲求读书之法，传朱熹明体达用之学，对后来教育和科举产生重要影响。程端礼有诗贺赵世延寿："学究天人际，才兼文武资。诚心开白日，直节比朱丝。居有诗书乐，行无琴鹤随。周程传道脉，韩柳让文词。动静心能定，毫厘事不疑。人材深爱惜，民瘼极忧思"②，盛赞其儒学修养。唯世延崇儒，又好道，琴鹤相随的仙人逍遥境界正是他的追求，"行无琴鹤随"明显不符合实际，程端礼这样写不是他不知道赵世延的爱好，而是将其与"居有诗书乐"并举，极其隐晦地表达了希望赵世延摒弃驳杂，一心圣道。当然，这是追求淳儒境界的南方士大夫的想法。另一首《寿赵中丞诗序》是泰定三年（1326）赵世延出为江南行台御史中丞时，程端礼为赵世延寿所赋诗并序，认为他是一位能够热心书院建设，大力推动儒学教育的官员③，体现了南方士人对赵世延的看法。江东书院的学生也因赵世延支持书院教育，"受乐育之恩，作歌诗为公寿"④，并请程端礼为序。赵世延亦荐程端礼于国子监。⑤

赵世延尊礼儒家先贤，武宗大德十一年（1307），朝廷加孔子尊

① （元）脱脱：《元史·儒学二》卷一九〇，第 14 册，4343 页。其文曰："（程端礼）所著有《读书工程》，国子监颁示郡邑校官，为学者式"，《读书工程》就应当是《程氏读书分年日程》，或为其最早的书名。

② （元）程端礼：《寿赵平章（六月初三日）》，见《畏斋集》卷二，收入《景印文渊阁四库全书》第 1199 册，635 页。

③ （元）程端礼：《寿赵中丞诗序》，见《畏斋集》卷四，收入《景印文渊阁四库全书》第 1199 册，679 页。程端礼为赵世延祝寿的诗还有：《寿赵中丞迁轩》，见《畏斋集》卷二，收入《景印文渊阁四库全书》第 1199 册，633 页；《辛酉六月二日寿赵迁轩学士》，见《畏斋集》卷二，收入《景印文渊阁四库全书》第 1199 册，644 页。足见二人交游密切。

④ （元）程端礼：《寿平章中丞迁轩赵公序》，见《畏斋集》卷四，收入《景印文渊阁四库全书》第 1199 册，679～680 页。

⑤ （元）黄溍：《将仕佐郎台州路儒学教授致仕程先生墓志铭》，见《黄溍集》卷二二，第 3 册，王颋点校，805 页。

号"大成至圣文宣王"，四年以后命将诏令刻石立碑，立于孔庙、府学。皇庆二年（1313），时在陕西行台侍御史任上的赵世延再次书写诏书，并写有长跋，立于府学。此赵书加圣号碑并跋至今存于陕西碑林（元代府学旧址），跋文记述元代世祖以来崇祀孔子，武宗加封圣号，命天下学宫勒石及儒教有益于国家治道，圣道与治道相辅相成："圣道之大，非国家无以表于无穷；国家之隆，非圣道无以康乂于有永"①。在国家儒家祭祀礼制上，赵世延也多有建明，仁宗朝许多孔庙的祭祀规制也是由他提出的："皇庆癸丑，始从西台侍御史赵世延请，暨宋九儒升从祀"②，这是皇庆二年（1313）建言宋朝九儒从祀孔子。"延祐三年，仁宗皇帝在位，崇学右文，御史中丞赵公世延始言南北祭礼不宜有异，当升曾、思如典故。制曰可。"③这是建议升曾子、子思配享孔子。这些都得到仁宗皇帝认可。

赵世延又以学问威望主持经筵，天历元年（1328）三月，以赵世延知经筵事，虞集、马祖常等并为经筵官④，对皇帝讲授《资治通鉴》等儒家经典，探讨治国道理。赵世延死后谥号为文忠，根据《谥法》：道德博厚、勤学好问、慈惠爱民、愍民惠礼曰"文"，危身奉上曰"忠"，"文忠"这一谥号在传统社会绝不轻与，这是对一个士大夫一生道德文章的最高肯定。从谥号也反映出当时朝廷对赵世延儒

---

① 赵世延书《加圣号碑》：额题"皇元加圣号诏"，通高440厘米，宽135厘米。碑上截为诏文十二行，满行十六字；下部跋文三十二行，满行三十字；额题六字，二行，行三字。《关中金石记》《寰宇访碑录》《陕西金石志》《同州府志》《续陕西通志稿》有著录，拓片见高峡主编：《西安碑林全集》第30卷，广州，广东经济出版社，深圳，海天出版社，1999；录文见《续修陕西通志稿》卷一六六，民国二十三年铅印本。感谢陕西师范大学韦俊辰同学为我提供《加圣号碑》拓片照片。

② （元）许有壬：《鲁斋书院记》，见《至正集》卷四三，收入《景印文渊阁四库全书》第1211册，313页。

③ （元）危素：《尼山大成殿四公配享记》，见《说学斋稿》卷二，收入《景印文渊阁四库全书》第1226册，689页。

④ （元）脱脱：《元史·泰定帝二》卷三〇，第3册，685页。

学重臣地位的肯定。

赵世延的文学、艺术成就在当时同样为人瞩目，其文采深受几朝皇帝的推崇，受敕撰写许多寺观碑记及达官显贵的神道碑铭，数任御史，除负责编撰鸿篇巨制《经世大典》外，又撰《风宪宏纲》①，今佚，大概是讲朝廷监察制度。天历初，奉诏命撰写《御史台记》②；至顺三年(1332)九月，撰《察院题名记》。③

赵世延为当世所重，书法据后人评论："书法微类文敏而逊其紧严"④，与赵孟頫同为当时大家，为许多朝敕立的碑铭书丹、篆额，今存其篆额尤多，似其篆书颇尤为当时所重。由赵世延篆额的碑刻如：现藏武威市博物馆《亦都护高昌王世勋碑》⑤，位于元代全宁路(今内蒙古赤峰市翁牛特旗)的《全宁路新建儒学记》、2011年新发现的《全宁张氏先德碑铭》，应昌路(今内蒙古赤峰市克什克腾旗)的《应昌路新建儒学记》《应昌路曼陀山新建龙兴寺记》⑥，杭州《安晚轩记碑》⑦，武当山《大元敕赐武当大天一真庆万寿宫碑》⑧。

---

① （明）黄虞稷：《千顷堂书目》卷九，见《四库提要著录丛书》史部，第151册，215页。关于赵世延今存著作目录参考李俊义、庞昊、孙再宜：《元代〈全宁路新建儒学记〉考释》，载《北方文物》，2008(1)。

② （元）马祖常：《记御史台题名后》，见《石田文集》卷八，收入《四库提要著录丛书》集部，第254册，435页。

③ （元）刘孟琛：《南台备要》，见（明）解缙等：《永乐大典》卷二六一〇，第2册。

④ （清）孙承泽、（清）高埼：《庚子销夏记　江村销夏录》卷七，佘彦焱校点，144页，上海，上海古籍出版社，2011。

⑤ 黄文弼：《亦都护高昌王世勋碑复原并校记》，载《文物》，1964(2)；党寿山：《亦都护高昌王世勋碑考》，载《考古与文物》，1983(1)。

⑥ 李俊义、庞昊、孙再宜：《元代〈全宁路新建儒学记〉考释》；嘎日迪、斯钦巴图、都仁：《元代〈全宁张氏先德碑铭〉蒙古文考释》，载《北方文物》，2017(12)。

⑦ （清）阮元主编：《两浙金石志》卷一六，401页，杭州，浙江古籍出版社，2012。

⑧ 武当山志编纂委员会：《武当山志》，北京，新华出版社，1994。

至顺元年(1330)，文宗皇帝、皇后受戒，诏世延于集庆殿以泥金书无量寿佛经①，可见皇帝对其书法推重。

赵世延在奎章阁为宿老，出入鲁国大长公主桑哥剌吉的天庆寺雅集为上宾，这些场合多为皇家的艺术鉴赏活动。古书画的收藏鉴赏及文艺雅集为当时皇家和一些蒙古贵族热衷，皆要邀请当代名公耆宿观赏所藏，题跋品评，赵世延以钜公雅人，品题为世所重，在奎章阁和大长公主的收藏中皆有题跋。② 赵世延在全宁、应昌多有篆额的碑文，原因也在于全宁为鲁藩份地，以鲁国大长公主桑哥剌吉对赵世延的推重，所以碑文多由赵世延篆额。（赵世延著述、书法见后附表）赵氏书法为当世所重，以得其片纸只字为荣，有人得到赵世延为其题榜的"瞻绿"二字，非常兴奋，但不敢再有求记奢望，转而向赵世延女婿许有壬求记："（西溪子仁彦宾）曰：'仁得公翰墨为荣，元老尊严，不敢复有请，愿剖其义。'有壬伏观公之笔法遒严"③云云。柳贯谈及他看到赵世延等老宿书札手泽时的感叹："某畴昔承乏班行，尝得瞻望诸公履舄之末光，今幸从公窃观翰墨于典刑沦谢之后，元贞旧臣独豫斋王公、迁轩赵公与公如大鼎之三趾，为四方之具瞻。"④赵世延是朝廷重臣、文坛老宿，他人以得其篆额、题榜为荣观，其笔下必然矜持，今所见碑刻赵氏篆额或为敕命，或为鲁国长公主所求，唯对僧道似不甚吝惜。

---

① （宋）志磐：《佛祖统纪》卷四八，见《大正新修大藏经》第四十九卷史传部一，437页，香港，佛陀教育基金会印赠，1990。

② 相关研究参考傅申：《元代皇室书画收藏史略》，台北，"故宫"博物院，1981；姜一涵：《元代奎章阁及奎章人物》，台北，联经出版事业公司，1981；萧启庆：《九州四海风雅同：元代多族士人圈的形成与发展》，219～341页。

③ （元）许有壬：《瞻绿亭记》，见《至正集》卷三九，收入《景印文渊阁四库全书》第1211册，279页。

④ （元）柳贯：《跋郑左丞所藏中朝诸老手帖》，见《柳贯集》卷一九，魏崇武、钟彦飞点校，509页，杭州，浙江古籍出版社，2014。

赵世延思想学术深刻地影响其后代。至正十年（1350），赵世延之子野峻台在常州任上，修复宋朝直言诤谏的儒臣邹浩之墓，以砥砺世风①，这与赵世延历任谏职，直言不讳的诤臣品格，以及撰写御史台、监察院题名的事迹遥相呼应，父子二人皆重诤谏刚直的儒臣风范。在黄州任上，放罢被诱为伶的民女②，也是儒臣循吏宽厚治民的德政，与一般蒙古、色目的地方官作风不同。野峻台、伯忽兄弟均能殉国难，应该与赵氏门风倡导儒家忠孝气节有关。其女赵鸾亦擅长书法，"能琴书，善笔札"。赵鸾墨迹存世有《题管道昇紫竹庵图》："昔年种竹仙人子，拾箨曾书七卷经。日暮披图思寂灭，隔林钟磬至今听"，落款"应善鸾拜题"。③其女书法清逸，诗歌意蕴清旷出尘，与其道家修养有关。其子野峻台撰文、书丹《大元崖石镇东岳庙之记》，书丹、篆额《湫山观音圣境之碑》（拓片见后附图四），书法秀润，篆额尤好，有秦汉韵味，看来是继承家学。赵世延幼子购藏朱熹《白鹿洞赋》的稿本④，此亦继承家风，擅书之家往往也是书画名迹富藏之家，故崇尚先贤手泽，收藏观摩，富藏与擅书同为文化教养水平高的表现。

赵世延无文集传世，其诗文书法系年见附表 2。

① （清）卢文弨：《复邹忠公墓记》，见《常郡八邑艺文志》卷三七，光绪十六年刻本。

② （明）宋濂：《吕府君墓志铭》，见《宋濂全集》卷六，第 4 册，1223 页，杭州，浙江古籍出版社，2014。

③ 此图现存日本，见大和文华馆《元时代之绘画》；2010 年北京瀚海秋季拍卖会（2010-12-12）展出一立轴水墨绢本《紫竹庵图》（可能为一仿本）。（清）莫友芝：《郘亭书画经眼录》卷三，见张剑、张燕婴整理：《莫友芝全集》第 4 册，372 页，北京，中华书局，2017，著录此画及赵鸾题诗录文。

④ （元）虞集：《朱文公白鹿洞赋草跋》，见《道园学古录》卷一一，收入《景印文渊阁四库全书》第 1207 册，167 页。

三、"赤松曾许同千载"：赵氏家族的道教信仰

同时尊奉儒、释、道，讲求三教融合是许多元代认同中原文化的蒙古、色目人的共同特点，这与某些将儒、道对立，强调醇正儒学的南方士大夫不同，如同为汪古人的马节、赵世延，陈垣先生指出他们是基督教世家转而好道的典型。赵世延在儒学和文化艺术上成就斐然，同时也深信道教，奉道是其家族门风。

《家庙碑》中特别突出书写赵氏先祖好生不杀、谦退不矜之风，其中称颂按竺迩："□下恤民，所至抹殄戮，赎俘囚，辑降附，则所惠盖广矣。"《神道碑铭》也特别掘出保全郭蝦蟆幼子、不杀泾原叛卒两件事，突出其好生。其实，按竺迩征战陇蜀，摧坚拔寨，会文围剿，成都屠城，皆在军中，可谓杀人无数，惨绝人寰，《家庙碑》的谀辞基本不可信。《家庙碑》又言其谦退，"（按竺迩）开国之功，不后诸将，而略不满假，退然若无，所谓劳谦君子者与"，国宝招降番部，"初不自以为功，降羌爵命，返出其上，殷勤逊谢，益简帝心"。赞扬二人"为而弗有，有而弗恃"，此两句亦出于《道德经》。乃至《家庙碑》称其门风为"家膺于韬铃"，韬铃二字大致可以解为韬光养晦、渊默深藏，这都是道家推重的。赵氏祖先的谦退有其实迹，巩昌汪氏本为按竺迩所招降，然其后征战反在其麾下，未见其有计较。又如赵国宝之弟赵国安（阿巴直），赵国宝死时，以子赵世荣年幼，命其袭职，后还爵位于赵世荣，皇帝称赞："人争而汝让，可以敦薄俗"[1]。这大概出于汪古人的忠诚质朴，未见得和道家有关，但在赵世延的想象中，这都源于道家的"韬铃"。把祖先塑造为好生谦退，此与赵世延本人的道教信仰有关。前面已言，家庙碑文、神道碑铭虽非赵氏亲为，但这类文体多出于委托人授意，符合

---

[1] （元）脱脱：《元史·按竺迩传》卷一二一，第 10 册，2987 页。

委托人的价值观。赵世延自己在追述祖先业绩时就注重表达先人的善举阴德对子孙的福佑，如谈及先伯元帅撒里攻破云顶山，不攫取财物，唯取静应真人张天师石像回故里供养，"感念先伯平昔轻财急义，率类乎此，其泽被后人多矣"①。此种阴骘观念也与道教关系密切，为其内心一贯想法。赵世延晚年和光同尘，权臣燕铁木儿宴于其家，男女杂坐，名为鸳鸯会，赵世延听任之。② 这其实也是道家处世的一种人生态度，虽然看似消极，但久经宦海险恶的赵世延深谙顺世韬晦的道家远祸道理。

赵氏家族属于色目人汪古部，本来信奉景教，但从现有资料来看，赵氏家族保留的景教影响痕迹很少。按竺迩幼孤，鞠于外大父达工③，达工姓"术要甲"，音讹为"赵家"。达工为金群牧使，其部族是一支和金关系很近的汪古部族，术要甲为女真姓氏，达工由于和女真人关系密切，受其文化影响，取和本姓音近的女真姓氏为姓，而"赵家"则是和术要甲音近的汉姓。猜测达工的姓其实是他的教名 George，音近于女真姓氏"术要甲"、汉姓氏"赵家"，二者可能都是 George（佐治亚、乔治）的对音。术音朱，术要甲（Ge-or-ge）和阔里吉斯、奇尔济苏、谷儿只一样都是 George（乔治）的对音。第一个音 Ge 对音术、奇、谷，or 对音要、里、尔、儿，ge 对音甲、吉、济苏、只。和另外三个相比，术要甲最接近原音。"术要

---

① （元）赵世延：《悟空赞跋》，见（明）杨慎编：《全蜀艺文志》卷二三，刘琳、王晓波点校，630 页；杨镰主编：《全元诗》第 19 册，341 页，北京，中华书局，2013。

② （元）脱脱：《元史·燕铁木儿传》卷一三八，第 11 册，3333 页。

③ 达工或为突厥语 tarqan 的音译，也译作"达干"，是突厥的一种官职，按照罗新关于北族称号演变的理论，原先尊贵的称号会逐渐降格，最后也可用于人名，如暾欲谷和阙特勤之"阙"，均为此例。罗新的研究可参见《中古北族名号研究》，北京，北京大学出版社，2009。此点承王立博士提示，特致谢。

甲"，元代汉语读 tʃiu①-iɛu-ki∧a②，的确可以视为西文 Georgia 的对音。元代北方话的浊塞音和塞擦音均已清化③，则 Georgia [dʒɔgia]在元人听来必是[tʃɔʃia]，犹如今人译成"佐治亚"。元人以"阔里吉思"译 Georges[gorgis]，以"谷儿只"译 George[gortʃ]，与此同理，当然后者更像是斯拉夫语的 Горький。乔治为信奉基督教的汪古人常用的教名④，术要甲（乔治）可能是受洗的教名，达工为其本名。由于汪古部历史上不同时期受到女真人、汉人、蒙古人的影响，同一个名字 George 就有了不同的音译：女真读法的"术要甲"，蒙古读法的"阔里吉思""谷儿只"和汉语读法的"赵家"。张星烺认为：赵世延曾祖"达工"似即 Tekoah 之译音，祖"按竺迩"似即 Anthony 之译音，父"黑梓"似即 Hosea 之译音，其子"月鲁"似即 Julius 之译音，均为受洗教名⑤。这是赵氏家族留存的受基督教文化影响的痕迹。

从按竺迩开始，这个家族深受到道教影响，几代均信奉道教。据《大元崖石镇东岳庙之记》：

> 丙申，上命秦国忠宣公按竺迩镇抚三方，开帅阃于西汉阳天嘉川要冲，是镇为属。旧竚东岳灵祠，雨旸灾沴，有祷必

---

① "术"字本读直律切（今音 tʂu35），《说文解字》以为"秫"省形，则又读食聿切（今音 ʂˊu51），《中原音韵》只收后者（叶 110）。按直律切属澄母，澄母（＊dʒ-）在元代已清化为 tʃ-，以此知"术"字当与《中原音韵》"逐""轴"二字同读为 tʃiu。此处音韵学方面的论述承蒙聂鸿音教授教诲，特致谢。

② 杨耐思：《中原音韵音系》，110、146、158 页，北京，中国社会科学出版社，1981。

③ 王力：《汉语史稿》，131 页，北京，中华书局，2004。

④ 参考[法]伯希和：《唐元时代中亚及东亚之基督教徒》，见冯承钧编译：《西域南海史地考证译丛》第 1 卷第 1 编，56 页；[法]雷纳·格鲁塞：《蒙古帝国史》，第三章第九节"临近中国边境、成吉思汗与汪古人"，龚钺译，175 页注解⑤，北京，商务印书馆，2009。

⑤ 张星烺：《中西交通史料汇编》第 1 册，北京，中华书局，1977。

应，有文实岳府纠察司也。国公思有以往住持者，难其人。戊
戌，经理川蜀，得昌州天庆观道士母混元先者，道行高洁，以
祝袚御患为心，喜而纳诸祠，命掌其事。①

1237年按竺迩开阐礼县后，次年戊戌（太宗窝阔台十年，
1238）从都元帅塔海伐蜀，克隆庆府，结识昌州道士母混先，于是
请他到礼县主持东岳庙。赵氏子孙一直是东岳庙的重要支持者，母
混先的弟子严慧昭在至正五年（1339）立《大元崖石镇东岳庙之记》
（见后附图3）时，刚好距按竺迩请母混先主持东岳庙一百年，碑文
的书写撰题者为野峻台，为赵世延之子，按竺迩重孙。碑阴列名的
官员中有两人为按竺迩后代：（1）"忠显校尉礼店文州蒙古汉军奥鲁
军民千户真卜花"为按竺迩之孙，《雍古公家庙碑铭》中其名衔为"佩
金符忠显校尉管军千户真不花"；（2）"怯连口长官所达鲁花赤阿都
只"也是按竺迩后代，立于至正十六年（1356）丙申的《黑池德圣忠惠
威显广济王神道碑记》中明言其为"秦国公之后"，名衔为"敦武校尉
达鲁花赤阿都只"。在这一百年中，赵氏子孙一直都是东岳庙的虔
诚支持者。

按竺迩长子车里（徹里、阔里）袭爵，同样尊奉道教，据赵世延
追述：

> 予儿时常闻，戊午天兵之攻云顶也，先是宋将姚世安迁汉
> 阳静应石像于此山。岁秋冬，汉繁清凉主僧亦徙悟空定真避
> 乱，与静应同一龛殿。城既下，将士阗攫财帛。先伯元帅公独
> 取静应像归其故里塔院，悟空亦复者。今五十三年矣，兹按部

---

① （元）周巙：《大元崖石镇东岳庙记》，见礼县博物馆、礼县老年书画协
会编印：《礼县金石集锦》，129页。此碑立于顺帝至元五年己卯（1339），现存
礼县崖城乡街道村，碑高221厘米，宽108厘米，厚28厘米。记文称丙申（太
宗窝阔台八年，1236）按竺迩开阐西汉阳天嘉川，其实据元明善《雍古公神道碑
铭》，开阐实际是次年丁酉（太宗窝阔台九年，1237）。

过繁①。

静应就是静应真君张天师，悟空为唐代翻译《十地经》《回向轮经》等的高僧章敬寺悟空。为躲避战乱，分别供奉于汉阳、繁县的静应张真君石像和悟空像被迁至云顶山，佛道同龛，供于一处。徹里攻破云顶山，独取静应真君张天师石像回故里（礼店元帅府）供养，而把佛教的悟空像留下，这个情节很能说明车里的宗教取向也是道教。这尊供奉于家族故里的静应真君张天师的掌故，赵世延"儿时常闻"，想来是长辈时常对其讲述，这也算是一种家庭道教氛围的熏染。后来，车里留下的悟空像重归繁县原寺庙，五十三年后，赵世延按部过繁县，应主寺僧人智深乞求，赋诗三首，咏赞悟空，并附跋文，叙其原委。

甘南属于游牧、农耕交界地区，草原文化对湫潭河池的崇拜非常流行，岷州等地五月初十至十一日有西池（观音湫池）之游，十三至十五日祭境内湫神。② 赵氏世居甘南，热衷于建庙碑，祭祀湫潭河流之神，并屡次为境内湫潭河神向朝廷请封号。如现在位于礼县湫山乡上坪村的观音湫池，又称"观音圣水"，自古建庙祭拜，唐宋封为"通济正佑福安王"，按竺迩建立礼店军民元帅府以后，"□遇旱灾，亲帅同僚父老，诣山祈请"，赵世延又向朝廷祈请封号为"善惠王"，赵世延之子野峻台为至正年间所立《湫山观音圣境通济善惠王碑记》③书丹、篆额。

---

① （元）赵世延：《悟空赞跋》，见（明）杨慎编：《全蜀艺文志》卷二三，刘琳、王晓波点校，630页；又见杨濂主编：《全元诗》第19册，341页。车里攻克云顶为蒙哥汗七年（1257），赵世延自述五十三年后过繁县，当为至大二年（1309），此时赵世延在四川肃政廉访使任上，故跋文称"按部过繁"。

② （清）汪元纲：《岷州志》卷一一，见张羽新主编：《中国西藏及甘青川滇藏区方志汇编》第26册，78、108页，北京，学苑出版社，2003。

③ （元）牟守中：《湫山观音圣境通济善惠王碑记》，见礼县博物馆、礼县老年书画协会编印：《礼县金石集锦》，146～152页。

　　黑池位于礼店崇山峻岭绝顶之中，"有湫池，广里之余，其深未知几许"，其神为广济王，其庙为灵潭庙，历代均封号赐额，也是礼店有名的湫神，按竺迩后代阿都只至正十六年（1356）为立《黑池德圣忠惠威显广济王神道碑记》①。西汉水为嘉陵江上源，流经礼店，为境内大河，建有西江庙，赵世延为其请封号"灵济惠应文泽王"，并亲自撰写迎享送神乐章。因为赵氏世代热衷建立湫河神祠，当地庙祝也编造许多传说附会赵氏，称"（赵世延）尝有事于西江，有谒于神也，退而梦一异人，长裙幅巾，援图来见，视其图前，西山间有大蛇飞跃而上者，领服之际，红刻②有光，烂如也。觉而异志，占者曰：是升腾之象，神告之矣。既乃由郡牧历台省，率再六月一迁，以王公应梦是践，此岂偶然之故耶？"将赵世延晋升归于西江神护佑，把他与当地五代时的显宦王仁裕相提并论，仁裕梦西江神剖其肠胃，以江水浇洗，吞沙石篆文，从此文章焕发；又暗示赵世延推动复兴科举，促进文治都是归于"神人之所望于公者"③。

　　元代道教文昌大帝信仰的复兴也与赵世延有关：

　　　　自科举废而文昌之灵异亦寂然者四十年余。延祐初元，天子特出睿断，明诏天下以科举取士，而蜀人稍复治文昌之祠焉。是时，余在奉常充博士，适蜀省以其事来上，予议榜其庙门曰：右文开化之祠。未几，今翰林学士承旨云中赵公世延方为御史中丞，移书集贤以闻，天子为降玺书，褒显神君甚渥，

---

　　① （元）蒲君美：《黑池德圣忠惠威显广济王碑记》，见礼县博物馆、礼县老年书画协会编印：《礼县金石集锦》，269页。

　　② 此字或有误。

　　③ （元）张仲舒：《建西江庙记》，见礼县博物馆、礼县老年书画协会编印：《礼县金石集锦》，265页。王仁裕，秦州长道人，历仕五代，墓及神道碑在今礼县石桥乡斩龙村。

而祠文昌者日盛矣。①

延祐开科以后，与科举有关的文昌信仰在蜀中重新兴旺，赵世延以御史中丞身份积极推动此事，不久皇帝下诏褒扬文昌，文昌信仰开始在全国日益兴盛。后至元二年（1336），赵世延告老还成都，出资修建文昌帝君祠庙，称此事乃"积岁存心，愿莫之遂。若相神庥，敢披肝胆以勖"②。赵世延亦于此年去世，这是他生前最后经营的一件大事情，可见其对道教文昌信仰的虔诚。究其原因，文昌虽为道教神，但主管科举，事涉儒生事业，其信仰内核有许多三教合一的成分，这必然为喜文好道的赵世延所认同。

赵世延与许多道士有交往，写了不少和道教有关的文字，其子女也受他影响，信奉道教。玄教是元代具有特殊地位的道教流派，与朝廷政治关系密切。吴全节是元代著名的玄教道士，至元二十四年（1287）被征至京师，为玄教第一代宗师张留孙弟子，多次奉诏出祀岳渎山川。吴全节"稍长学道，弱冠从先师谒世祖皇帝，遂留不归。五十年间以天子之命祀名山大川，东南西北，辙迹咸至"。至治二年（1322）吴全节继张留孙为第二代玄教掌门，位特进上卿玄教大宗师，"赵公世延、曹公鼎新、敬公俨、王公约、王公士熙、韩公从益诸执政多所谘访"③。吴全节不仅是道教高功，也积极推崇儒家，崇尚儒道融合，与士大夫交游密切，赵世延也与他有交往。吴全节七十岁时，顺帝命为其画像，朝中重臣为其题赞，这就是著

---

① （元）虞集：《四川顺庆路蓬州相如县大文昌万寿宫记》，见《道园学古录》卷四六，收入《景印文渊阁四库全书》第 1207 册，652 页。

② （元）赵延之：《文昌帝君行祠记》，见《清河内传》，收入《正统道藏·洞真部·谱录类》第 5 册，44 页，台北，新文丰出版公司，1977。

③ （元）虞集：《河图仙坛之碑》，见《道园学古录》卷二五，收入《景印文渊阁四库全书》第 1207 册，360、365 页。

名的《吴全节十四画像赞》①，以十四幅图配赞，表现其一生事迹。
赵世延亦有一赞：《泰定四年丁卯代祀江南三山还朝醮于崇真宫作
上清像云中赵世延赞》②。诸多道教宫观碑文也由赵世延撰文或篆
额，如元统二年(1297)篆额《孙公道行之碑》③；延祐元年(1314)篆
额的《均州武当山万寿宫碑》④；延祐二年(1315)撰文《大元敕藏御
服之碑》(拓本见后附图 1)：元成宗感异梦游于终南山，致御服于终
南之万寿宫，致甘霖下降，赵世延撰文记之，赵孟頫书丹⑤；天历
三年(1330)撰文、书丹大都东岳庙《昭德殿碑记》⑥。泰定三年
(1326)为崂山道士云岩子刘志坚撰写《云岩子道行记》⑦。又为武当

---

① 此图今藏于美国波士顿美术馆。据虞集《河图仙坛记》："今上皇帝以
特进上卿吴公全节年七十，用其师故亚府仪同三司神德张真君故事，命肖其
像，使宰执之，识以明仁殿宝而宠之，赐宴于所居崇真万寿宫，近臣百官咸
与，大合乐以飨，尽日洒已。"(《道园学古录》卷二五，见《景印文渊阁四库全
书》第 1207 册，369 页)虞集所言命宰执所赞的画像就应当是《吴全节十四画像
赞》。吴全节生于咸淳己巳(1269)，年七十当在 1238 以后，赵世延卒于 1236
年，吴全节尚未七十，虞集所记为画像、题赞完成后用宝锡宴之时情景，此为
赵世延卒后事，画像、作赞当在此前。赵世延至顺二年已归养，至元元年
(1335)再除中书平章政事，为宰执，次年即去世，作像赞就当在 1335—1336
年，完成后虞集所记盛况赵世延已不及见。

② (清)卞永誉纂辑：《吴闲闲诸画像》，见《式古堂书画汇考》卷五三，
1991 页，杭州，浙江人民美术出版社，2012。

③ (清)李光暎：《孙公道行之碑》，见《金石文考略》卷一六，收入《景印
文渊阁四库全书》第 684 册，441 页。碑文全名《皇元特授神仙演道大宗师玄门
掌教辅道仁文粹开玄真人管领诸路道教所知集贤院道教事孙公道行之碑》，
见《续修陕西通志稿》卷二八，民国二十三年铅印本。

④ (元)程钜夫：《均州武当山万寿宫碑》，见《雪楼集》卷五，收入《景印
文渊阁四库全书》第 1202 册，62～63 页。

⑤ (元)赵世延：《藏御服碑》，见《续修陕西通志稿》卷一六二，民国二十
三年铅印本。此碑今存陕西省鄠邑区重阳宫。

⑥ (元)赵世延：《昭德殿碑记》，见李修生主编：《全元文》卷六七六，第
21 册，696～697 页。

⑦ (元)赵世延：《云岩子道行记》，见青岛市史志办公室编：《青岛市
志 崂山志》，15 页，北京，新华出版社，1999。

山清微派道士张守清写《赠张洞困祈雨歌》①。这些诗文、篆额多数为受敕撰写，也有因与道士交游请托而为，但没有深厚的道教修养，不可能写得出来。

晚年，赵世延养疾茅山。早在泰定元年（1324）赵世延就为《茅山志》写过序②，茅山为著名道教圣地，选择茅山为归老之地也与其信仰有关。虞集赠诗描绘了赵世延茅山隐居生活："闻道乘闲入翠微，犹愁岚气湿人衣。道傍野树飞花尽，溪上春云作雨归。故旧钓丝轻在手，仙人棋局静忘机。赤松曾许同千载，拟向高秋傍鹤飞"③。赵世延也有数首咏茅山诗歌，或为隐居茅山时所作。这组诗歌题咏茅山道教胜迹，充满道教哲理和人生感悟，如《许长史井》："因观长史阴阳井，始悟混元玄牝门。一勺三田勤灌溉，无根灵草自春温"④，许长史阴阳井在茅山玉晨观，诗歌从咏井出发，引申谈内丹修炼，把阴阳井喻为"其用不竭"的玄牝门，"一勺三田"是指以一息真气滋养上、中、下三丹田，"无根灵草"一句则喻内丹温养。赵世延平日所关注的道教养炼之术，无意间即从其诗歌中体现出来。又如《华阳道院石亭》："华表柱头人易换，槐安国里梦初醒。何当借我东偏屋，静掩岩扉学炼形"⑤，隐居茅山的赵世延已经垂暮之年，宦海沉浮犹如南柯一梦，这种对人生的超然窥破态

---

① （元）赵世延：《赠张洞困祈雨歌》，见（清）王概：《太岳太和山纪略》卷七，乾隆九年刻本。

② （元）赵世延：《〈茅山志〉序》，见（元）刘大彬编：《茅山志》，（明）江永年增补，王岗点校，1页，上海，上海古籍出版社，2016。

③ （元）虞集：《寄赵子敬平章》，见《道园学古录》卷三，收入《景印文渊阁四库全书》，第1207册，36～37页。

④ （元）赵世延：《许长史井》，见（元）刘大彬编：《茅山志》卷一五，（明）江永年增补，王岗点校，473页。此卷所收赵世延咏茅山诗尚有《玉晨观怀古》《览苏后湖待月南轩墨迹白云观即景用韵》《华阳道院石亭》《出茅山宿青元观》。

⑤ （元）赵世延：《华阳道院石亭》，见（元）刘大彬编：《茅山志》卷一五，（明）江永年增补，王岗点校，473页。

度，才能生出"炼形"向道的决心。

赵世延的道教信仰也影响着其后代，其子女均信奉道教。赵世延之女赵鸾，嫁给许有壬为妻，自幼受家庭影响，虔诚奉道，赵世延被人陷害入狱，赵鸾"年十三，即却荤肉，向北斗拜祷，凡三年，旦夕哭泣，至翳其两目，奸臣死，鲁公难解，目遂明如初"，朝拜北斗祈愿就是一种道教仪式。又能背诵《周易》，"诸阴阳家书皆能通之"，赵世延亲自教她筮法，能够用易卦占卜。① 赵鸾"不自表襮，生长将相家，而服食约素，遇亲旧不择贵贱，一巽抑若寒门女"②，此正是赵氏信仰道教，家风谦退的体现，这与家庭环境和教育关系密切。

赵氏先祖在草原生活，除基督教外，也信仰萨满教万物有灵的多神论，所以对道教多神信仰有亲切感，接受起来没有障碍。礼店地区的龙潭湫神信仰本来就带有草原萨满教对森林湖泊信仰的成分，故汪古赵氏家族热衷于此。赵世延的道教思想则带有明显儒道融合的特点，他为道教一个流派净明教的《净明忠孝全书》作序时，认同此派以忠孝设教名义，认为这和儒家相通，"得无类吾儒明明德修天爵之谓钦"。他总结净明教宗旨是秉持忠孝诚敬为修道的门径和根本："学者能出忠入孝，由存诚持敬为入道之门，服膺拳拳，无斯须之不在焉。一旦功夫至到，人欲净尽，天理昭融，虚灵莹彻，自得资深之妙，于以合天地，于以通神明，莫知其然而然，造夫大道之奥也，又何难矣。"③其所用皆儒家术语以阐明道教道理，尤其强调该书能"导民忠孝"。《〈茅山志〉序》文末引李玄静和唐玄宗

---

① （元）陈旅：《故鲁郡夫人赵氏墓志铭》，见《安雅堂集》卷一一，收入《景印文渊阁四库全书》第 1213 册，144 页；陈垣：《元西域人华化考》，114 页。

② （元）陈旅：《故鲁郡夫人赵氏墓志铭》，见《安雅堂集》卷一一，收入《景印文渊阁四库全书》第 1213 册，144 页。

③ （元）赵世延：《〈净明忠孝全书〉序》，见《正统道藏·太平部》第 41 册，481～482 页。

对话："道德，公也；轻举，公中之私耳。"①看来，除个人修真养性外，赵世延也从国家治道的角度来理解道教。

结　语

赵氏家族由武而文的转型代表元代一部分蒙古、色目等部族进入中原以后，接受儒道文化影响，认同中原文化的价值观的汉化过程。其实，这种转型是一个极其自然的过程，特定的地域和特定的生存方式产生特定文化形态，游牧民族进入中原农耕地带以后，原有的游牧文化形态不能适应新环境，这必然促使其接受更能和新环境、新生存方式适应的文化形态。儒道文化就是中原农耕文化的产物，经过上千年的积淀，其中积累了丰富的适应农耕环境的生存智慧，进入中原农耕地区的游牧部族几代以后认同新文化是一个极其自然的环境和生存适应过程。当然，这种对中原儒道文化的认同和转型不是在游牧部族中简单、均质地发生，不同部族、不同家族因所处不同地域和传统，其接受中原文化的程度是非常不同的。据萧启庆先生研究，元代四大蒙古家族中木华黎家汉化最深，赤老温家纳图儿一系至元中期后已汉化，博尔术、博尔忽两家全无汉化迹象。这种差别与各家族与汉地渊源深浅有关，木华黎家与汉地渊源最深，博尔术、博尔忽两家长期在草原地区活动，与汉地无密切关系。② 赵氏家族不同时代、不同家系认同汉文化的程度也不一样，从名字上看，家族前两代达工、按竺迩都使用的汪古部族名字；第三代如黑梓（赵国宝）、铁木儿（赵国安），既有汪古或蒙古的名字，

---

① （元）赵世延：《〈茅山志〉序》，见（元）刘大彬编：《茅山志》，（明）江永年增补，王岗点校，1页；《正统道藏·洞真部·记传类》第9册，94页。

② 萧启庆：《元代四大蒙古家族》，见《内北国而外中国：蒙元史研究》，572页。

也用汉名；第四代赵世延(达察儿)、赵世荣(那怀)，虽有蒙古或汪古名字，但基本用汉名；第五代，除嫁给汉族士大夫的赵鸾以外，基本都用蒙古或汪古名字。而且不同家系使用汉名的情况也不一样，国宝—世延一系较多使用汉名，而车里(阔里，徹里)一系基本不使用汉名。

同样，包弼德先生区分入主中原的民族政权"帝国政府对汉人制度及价值结构的采用"和"作为一个与汉人相异的族群的社会转化"①，即区分"政府的汉化"和"族群的汉化"，这种思路也有助于我们理解草原民族对中原文化接受这一问题的不同层次。同时，游牧民族以统治者的身份进入中原，其话语强势是明显的，草原文化也影响了汉人、南人，元代大儒许衡之子许敬仁"颇尚朔气，习国语，乘怒必先以阿剌花剌等句叱人"②，许敬仁是汉人士大夫学习、使用蒙古语，认同蒙古文化的典型。双方的文化应该是一种双向互动的"涵化"(acculturation)，这其中主要包含了蒙古、色目人的汉化和汉人的蒙古化两个取向，这两个取向从不同方向使草原游牧部族和中原农耕民族在很多层面上趋同。

礼店赵氏家族无疑是进入中原的草原部族中汉化程度较深的，代表了涵化概念中认同汉文化的维度，而赵世延又是其中认同汉文化最彻底的。延祐元年(1314)，赵世延迁中书参知政事，朝中大臣以为赵为汉人，仁宗皇帝亲自解释："世延诚可用，然雍古氏非汉人，其署宜居右"③。一般大臣已经不知道赵世延原为汪古人，需要皇帝亲自说明，可见其接受、认同儒道文化之深，以至于平日举止言谈已经完全和汉人士大夫没有差别，所以朝中大臣会认为赵世

---

① Peter K. Bol, "Seeking Common Ground：Han Literati under Jurchen Rule," *Harvard Journal of Asiatic Studies*, 47：2，1987.

② (元)孔齐：《敬仁祭酒》，见(元)杨瑀、(元)孔齐撰：《山居新语 至正直记》，李梦生、庄藏、郭群一校点，142 页，上海，上海古籍出版社，2012。

③ (元)脱脱：《元史·赵世延传》卷一八〇，第 14 册，4164 页。

延是汉人。这与赵氏家族尤其是赵世延长期征战汉地，接触汉文化较多有关。赵世延年轻时候即被元世祖召入宫中学习政务，世祖信用汉人，与朝廷中的汉人大臣交游也给世延深刻影响。这样，色目汪古部赵氏家族到赵世延这一代完成了由武而文的转型，是较深接受中原儒道文化的色目家族的典型，赵世延本人也成为元代中期著名的色目文士。

附：

表 1　赵世延（附野峻台、赵鸾）著述、书法系年表

赵世延			
年代	类型	名称	出处
至大二年（1309）	诗歌	《悟空赞》	《全蜀艺文志》卷二三；《全元诗》第 19 册
皇庆二年（1313）	跋文	《加号孔子碑》跋	《金石文考略》卷一五
皇庆二年（1313）	诗歌	《赠张洞困祈雨歌》	《全元诗》第 19 册
延祐元年（1314）	篆额	《大元敕赐武当大天一真庆万寿宫碑》	《雪楼集》卷五
延祐二年（1315）	撰文	《敕藏御服碑》	1934 年《续修陕西通志稿》卷一六二；《全元文》第 21 册
延祐年间（1315—1320）	序文	《程氏读书分年日程》序	《程氏读书分年日程》卷首；《全元文》第 21 册
泰定元年（1324）	序文	《茅山志》序	《茅山志》卷首；《全元文》第 21 册
泰定二年（1325）	篆额	《应昌路曼陀山新建龙兴寺记》	李俊义、庞昊、孙再宜：《元代〈全宁路新建儒学记〉考释》
泰定二年（1325）	篆额	《应昌路新建儒学记》	李俊义、庞昊、孙再宜：《元代〈全宁路新建儒学记〉考释》
泰定二年（1325）	篆额	《全宁路新建儒学记》	李俊义、庞昊、孙再宜：《元代〈全宁路新建儒学记〉考释》
泰定三年（1326）	撰文	《云岩石子道行碑》	《青岛市志　岷州志》
泰定四年（1327）	铭文	《蒋山钟铭》	《金陵梵刹志》卷三
泰定年间（1325—1327）	序文	《净明忠孝全书》序	《正统道藏》卷二一；《全元文》第 21 册

续表

赵世延			
年代	类型	名称	出处
天历元年(1328)	序文	《南唐书》序	《全元文》第21册
天历元年(1328)	篆额	《庐山东林重建太平兴龙寺记》	《金石文考略》卷一五
天历二年(1329)	抄经	泥金《无量寿佛经》	《佛祖统记》卷四八
天历三年(1330)	撰文	《大崇禧万寿寺碑》	《至大金陵志》卷一一七；《金陵梵刹志》卷三
天历三年(1330)	撰文、书丹	《东岳庙昭德殿碑记》	《畿辅通志》卷一七八；《全元文》第21册；《寰宇访碑记》
天历初(1328—1329)①	题跋	跋王维《圆光》	《珊瑚网》卷二七
天历初(1328—1329)	题跋	跋周曾《秋塘图卷》	《式古堂书画汇考》卷四三
天历初(1328—1329)	题跋	跋宋徽宗《御河鸂鶒图》	《石渠宝笈》卷一四
天历初(1328—1329)	题跋	跋燕文贵《溪风图》	《石渠宝笈》卷三四
天历初(1328—1329)	题跋	跋赵幹《江行初雪图》	《石渠宝笈》卷三四
天历初(1328—1329)	题跋	跋王朋梅《金明池图》	《式古堂书画汇考》卷四八
天历初(1328—1329)	题跋	《御史台题名记》	《石田文集》卷八
至顺元年(1330)	主编	《经世大典》	《道园学古录》卷五
至顺三年(1332)	题跋	跋《唐褊化度寺邕禅师塔铭》	《书画题跋记》卷二
至顺三年(1332)	撰文	《察院题名记》	《南台备要》，《永乐大典》"台"韵

---

① 《珊瑚网》称题跋时间是至治纪元，英宗至治年间，赵世延为帖木迭儿所陷害，陷于囹圄，恐无与群贤赏画题跋机会，且时为"昭文馆学士"，不是题跋中结衔的"大学士"，其为集贤大学士是泰定以后。故此处年代存疑，仍系于天历初。

续表

赵世延			
年代	类型	名称	出处
元统元年(1333)	撰文	《白云崇福观记》	《寰宇访碑记》卷一二
元统二年(1334)	篆额	《孙公道行之碑》	《金石文考略》卷一五
元统二年(1334)	篆额	《亦都护高昌王世勋碑》	党寿山：《亦都护高昌王世勋碑考》
元统三年(1335)	篆额	《安晚轩记》	《两浙金石志》卷一六
至顺二年以后(1331—1335)	诗歌	咏茅山诗：《玉晨观怀古》《许长史井》《览苏后湖待月南轩墨迹白云观即景用韵》《华阳道院石亭》《出茅山宿青元观》	《茅山志》卷一五；《全元诗》第19册
至顺二年至至元元年间（1331—1335）	撰文	《先氏书岩记》	《蜀中广记》卷一六
至元元年至二年间(1335—1336)	题跋	《吴闲闲画像赞》	《式古堂书画汇考》卷五三
至元二年立碑(1336)	篆额	《全宁张氏先德碑铭》	《元代〈全宁张氏先德碑铭〉蒙古文考译》
至元三年(1337)	撰文	《任城郡公札忽儿觮墓碑》	《山左金石志》卷二四
不详	撰文	《太华山佛岩寺无照玄鉴行业记》	《新纂云南通志》卷九三；《全元文》第21册
不详	著述	《风宪宏纲》	《千顷堂书目》卷九
附：野峻台			
至元五年(1339)	书丹、篆额	《大元崖石镇东岳庙之记》	《礼县金石集锦》
至正年间(1341以后)	书丹、篆额	《湫山观音圣境之碑》	《礼县金石集锦》
至正十一年(1351)	篆额	《礼店东山长生观记》	《礼县金石集锦》
附：赵鸢			
不详	题跋	《题管道昇紫竹庵图》	《邸亭书画经眼录》卷三

表 2　元代礼店汪古赵氏家族世系

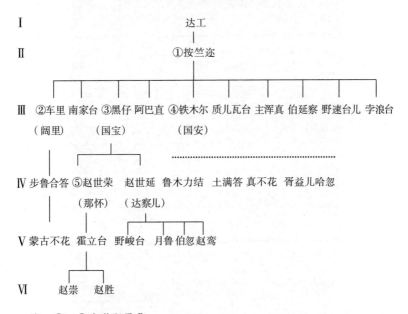

注：①—⑤为世职承袭

史源：程钜夫所撰《赵氏先庙碑》(《雍古氏家庙碑》)，元明善《雍古公神道碑》《赵氏寿考墓碑》，《元史》之《按竺迩传》《步鲁合答传》《赵世延传》

图 1　赵世延撰文、赵孟頫书《大元敕藏御服之碑》(局部)

图 2　程钜夫撰文、赵孟頫书《敕赐雍古氏家庙碑》

图 3　野峻台书丹、篆额《大元崖石镇东岳庙之记》(局部)

湫山观音圣境之碑（碑首正面刻文）

释文：湫山观音圣境之碑

图 4　野峻台篆额《湫山观音圣境之碑》

《贺仁杰墓志铭》与钓鱼城约降、王立系狱事

　　元世祖至元十五年(1278)，钓鱼城守将王立降元，以孤城坚守数十年的四川抗元堡垒瓦解，元朝控制了四川全境。王立降元，既而因东川、西川行枢密院的矛盾而系狱一事，前人已经考订得比较清楚。此事原委，数种史料均有涉及，而详略取舍不同，若以陕西户县所出《贺仁杰墓志铭》，合数种史料而聚观，考辨异同，推考相关历史记载的史源，或能厘清一些问题。①

一、户县出土的《贺仁杰墓志铭》

　　1953年户县秦渡镇张良寨村北出土了元代《贺仁杰墓志铭》并盖，吕域撰文，萧𪠋书丹并篆盖，大德十一年(1307)纳石。志、盖均为正方形，边长130厘米，厚16厘米。盖文阴刻篆书"大元光禄大」夫平章政事」商议陕西等」处行中书省」事贺公墓铭"，五行二十

　　①　关于王立及钓鱼城约降的研究可参考姚从吾：《宋蒙钓鱼城战役中熊耳夫人家世及王立与合州获得保全考》，见中华书局编辑部：《中研院历史语言研究所集刊论文类编·历史编·宋辽金元卷》第2册，1591～1603页，北京，中华书局，2009；胡昭曦：《两通肯定王立等人的碑石》，见《巴蜀历史考察研究》，74～76页，成都，巴蜀书社，2007；胡昭曦：《一通批驳肯定王立的碑石》，见《巴蜀历史考察研究》，77页；李天鸣：《宋元战史》第3册，1458～1460页。

五字，盖文大字两侧有仁杰孙贺唯一书小字九行，追述祖父逝世与皇帝所赐封爵。墓志叙及王立招降及脱狱之原委，墓主贺仁杰在王立系狱获释一事中曾起到关键作用，墓志撰者吕域，降钓鱼城时在安西王相西川行枢密院副使李德辉手下任行枢密院都事，更是王立招降及脱狱整个事件的策划、参与和见证的人之一，且贺、吕之间，"交逾四纪"，故其所述尤为翔实可信。《贺仁杰墓志铭》（以下简称《贺志》）叙述此事如下：

> 至元十三年，江南平，川蜀独不下。时宋将张珏行四川制置，据重庆；王立行合州安抚，据钓鱼，控制二十余州。朝廷选重臣行两枢密院以规取，西院由嘉、叙、泸趋重庆，东院困钓鱼，已有年。钓鱼自谓尝阻宪宗兵，意城破必屠夷俘虏，以故负固不可下。西院副枢李公德辉分治成都。十四年冬，潼川招讨使刘伟以所获立军士张合等上，李公放还，使持檄喻皇子安西王教，许以不杀，招立来降，立遣合等赍蜡书，乞李公自来则降。十五年春，李公来与东院官同受立降，同犒赐，署立招讨使矣。而东院官复诬奏李公越境邀其功。上怒，遣使就钓鱼诛立者三，王皆止之：立若诛，则钓鱼人皆当为俘虏。王欲陈于上，未行而薨，留立京兆狱，而行院、王相府、枢密院皆莫与之辨。时域以西院从事例至都，谋诸先师许公，以为宜言于公。言之公，果奏。上惊悟，召枢密僚属怒之曰：汝等以人命为戏耶？速招立来，立生则已，如死，吾必刑汝辈。立至，授金虎符，位三品。许公闻之曰：贺公有回天之力，其有后乎！至今李公庙食合州，出于公者，人不知也。①

吕域《贺志》叙述了从至元十三年（1276）到十六年（1279）钓鱼城

---

① （元）吕域：《贺仁杰墓志铭》，见刘兆鹤、吴敏霞编：《户县碑刻》，335～336 页。

事件的经过。《贺志》作者吕域也在这时出任四川行枢密院都事①，故对后来发生的事情比较清楚，王立事件中约降、受降、系狱这些事情，吕域所记与其他史料相对比，可以见其详略精确程度不同，通过校勘，我们希望能够复原事件的一些细节，并推考相关历史记载的史源。下面将以约降、受降、系狱与平反为关目，分别叙述。

二、约降

据姚燧所撰李德辉《中书左丞李忠宣公行状》（以下简称《李状》或《行状》），至元十二年（1275）李德辉以安西王相第一次抚蜀。至元十三年（1276），宋亡；宋将张珏、王立据重庆、合州钓鱼城以保川蜀，元军久攻不下。为了攻下重庆、钓鱼城，东川、西川两个行枢密院，合兵围剿，西院由嘉、叙、泸趋重庆，东院围困钓鱼城，双方僵持数年。李德辉指责两枢密院的官员"玩寇疆场""军政不一相訾纷纷"，预言"朝夕败矣"。不出所料，这年秋天，李德辉奉命北归，还没到陕西，泸州叛，重庆之围被宋军击破。至元十四年（1277），"诏以巴哈与公代为西川副枢，公兼王相。大军即发，公留成都供亿"②。《贺志》所谓："西院副枢李公德辉分治成都"，就是指至元十四年（1277）李德辉以西川行枢密院副使兼安西王王相的身份第二次抚蜀，并在此任上完成钓鱼城约降。

以《贺志》《李状》《元史·李德辉传》对比，可见异同——上引《贺志》记约降王立一事："十四年冬，潼川招讨使刘伟以所获立军士张合等上，李公放还，使持檄喻皇子安西王教，许以不杀，招立

---

① （元）脱脱：《元史·吕域传》卷一六七，第 13 册，3930 页。

② （元）姚燧：《中书左丞李忠宣公行状》，见《牧庵集》卷三〇，收入《景印文渊阁四库全书》第 1201 册，717～722 页。（元）脱脱：《元史·李德辉传》卷一六三，文字与《行状》大同小异，当取自《行状》。

来降，立遣合等赍蜡书，乞李公自来则降。十五年春，李公来与东院官同受立降，同犒赐，署立招讨使矣。"对比《行状》的记载："至是，合遣李兴、张邰十二人词（诇）事成都，皆获之，当斩。复为书，从归，使喻其将王立，其言如喻珏者，而岂（益）剀切。兴至，立亦计夙与东府有深怨，惧诛，复兴等导帅幹杨獬获蜡书，间至成都降公。"又据《元史·李德辉传》："既而合州遣李兴、张邰十二人诇事成都，皆获之，释不杀，复为书纵归，使谕其将王立如谕珏者，而辞益剀切。立亦计夙与东府有深怨，惧诛，即使兴等导帅幹杨獬怀蜡书，间至成都降"①。三种史料记载基本相同，而细节上有详略不同。《贺志》合州诇事卒名"张合"，《行状》《元史》均作"张邰"，吕域《贺志》作"张合"可能是刊刻时刻工省刻。《元史·李德辉传》文字与《中书左丞李忠宣公行状》基本相同，当出于《行状》。恰证《元史》成于仓促，人物传记通常照录元史馆所藏各种《行状》而成。

《贺志》记载的一些细节为他处不见，如张合等为潼川招讨使刘伟所捕获，可见张邰等人被捕获的地方可能是川东而不是成都，只是后被押解到成都。又如他处只说李德辉劝降王立言辞"益剀切"，然态度诚恳未见得能使王立来降，《贺志》揭示了一个关键细节：李德辉"使持檄喻皇子安西王教，许以不杀"②。有了皇子安西王许诺这样的保障，才足以说服王立，放心来降。此皇子安西王为忽必烈之子忙哥剌（Mangyala），领地包括陕西、甘肃、四川、云南等地。

苏天爵所撰吕域的神道碑铭说明此事件中另一重要人物吕域的作用："至元十有四年，江南既下，公擢从仕郎、四川行枢密院都

---

① （元）脱脱：《元史·李德辉传》卷一六三，第 13 册，3818 页。

② 据姚燧《中书左丞李忠宣公行状》："时安西王受诏征莫比，未知合既下也，自军中下教长安，遣燧乘传招之，下则许贷立死，以为安抚使"，则安西王宽贷王立的教旨是在钓鱼城约降以后发出，李德辉其实是以安西王相身份便宜行事称安西王教旨。

事。时四川制置使张珏据重庆，合州安抚使王立据钓鱼山，犹持宋节，负固不降。诏枢府分兵取之。故相李忠宣公德辉行西枢府事于成都，获侦卒张郜等数人，将杀。公曰：'彼所以不即降者，岂以昔尝抗跸先朝，恐城降日悉见诛夷之故欤？今宜释郜，俾归谕立'。未几，立果遣郜等赍蜡丸书至成都。"①据此，揣测王立心理，建议释放张郜，喻降王立之策出于吕域。吕域神道碑或有归美墓主之意，但至少说明吕域当时参与李德辉的谋划，熟知内情原委，吕撰《贺志》在细节方面的准确性更值得信赖。

约降过程中有熊耳夫人协助劝降王立一节："（至元十二年）制使张珏遣王立潜师袭泸取之，临应春，杀戍将千户熊耳而有其妻宗，甚嬖之。宗，王相四川行院李忠宣之外妹。立后移守合州。行东川院者则宪宗李玉器械哈丹、库哩济苏，二人先朝陟方乎此，拔将甘心，故合益负险不下。宗说立遣张郜②辈蜡书问（间）行至成都，请忠宣受降。忠宣从五百人至，立则开壁纳之。"③据此，王立袭杀元千户熊耳，据有其妻宗氏，这位熊耳夫人宗氏是李德辉的外妹。张郜带李德辉约降书信回合州后，熊耳夫人促成王立接受约降，而且请李德辉亲来受降，是出于这位熊耳夫人的主意。上引熊耳夫人一事，见于姚燧所撰贺仁杰神道碑《赠恭勤竭力功臣仪同三司太保封雍国公谥忠贞贺公神道碑》，而《李状》《元史·李德辉传》均不载，《贺志》亦不载。熊耳夫人一事，对李德辉而言非为佳话，故后人隐晦不言。吕为李旧僚属，又为贺家人所托为志铭，自然不会载入此等枝蔓之事。比较有趣的是，同为姚燧所撰《李状》和《贺

---

① （元）苏天爵：《元故翰林侍读学士赠陕西行省参政知事吕文穆公神道碑铭》，见《滋溪文稿》卷七，陈高华、孟繁清点校，94 页，北京，中华书局，1997。

② "郜"为"郜"之误。

③ （元）姚燧：《赠恭勤竭力功臣仪同三司太保封雍国公谥忠贞贺公神道碑》，见《牧庵集》卷一七，收入《景印文渊阁四库全书》第 1201 册，581 页。

公神道碑》，本来和李德辉关系更密切的熊耳夫人事没有载入李德辉的《行状》，反而记载在和熊耳夫人事关系不大的贺仁杰的《贺公神道碑》。这反映了《行状》这种文体在剪裁和表达上很大程度要体现状主家人的意志，有些事情状主的家人是不愿意说的，而撰者可能会出于保存掌故，会在另外的地方记录这些被遮蔽的史实。而姚燧本人也是王立约降事件中的一个亲历者，安西王特赦王立的教令就是由姚燧送达的（详见后），故他知道许多细节。

三、受降

受降一事《贺志》所记为"立遣合等赍蜡书，乞李公自来则降"，说明李德辉亲到钓鱼城受降是王立提出的条件，《李状》《元史·李德辉传》均未明言亲来受降为王立提出的条件，而《元史·贺仁杰传》亦有此细节："复遣合等奉蜡书告德辉，能自来，即降"，可能是取材于吕撰《贺志》。对勘上文所举贺仁杰神道碑所言熊耳夫人谋划李德辉亲来受降之事，可以印证吕域所言有据。吕域此时正在西川行枢密院中任职，故能熟知这些招降细节。

受降过程中，东、西院矛盾尖锐。《贺志》记受降之时，"十五年春，李公来与东院官同受立降，同犒赐，署立招讨使矣"，行文用两个"同"字，强调东院参与并认同了钓鱼城王立的投降。《元史·贺仁杰传》与《贺志》相同，也记载东、西院同时受降："德辉遂从五百骑至钓鱼山，与东院同受立降"。苏天爵《吕文穆公神道碑铭》："忠宣请与东枢府同受降。已而后期不至，忠宣承制署立仍安抚使、知合州"①，据此则东院没有参与受降。《元史·吕域传》与《吕文穆公神道碑铭》说法一样："德辉请与东院同受降。后期不至，

---

① （元）苏天爵：《元故翰林侍读学士赠陕西行省参政知事吕文穆公神道碑铭》，见《滋溪文稿》卷七，陈高华、孟繁清点校，94 页。

德辉承制授立仍为安抚使，知合州”，而且《元史·吕域传》与《吕文穆公神道碑铭》文字也大致相同，前者当取自后者。《李状》《元史·李德辉传》《贺公神道碑》都没有提到东院是否参加受降。《中书左丞李忠宣公行状》却详载一段李德辉与东院争持的情节："公从兵才数百人赴之，东府害之，来争，有言：'前岁公为书招珏，诚亦极矣，竟不见瘳，无功而还。今立珏牙校也，习狙诈，不信人，特以计致公来，使与吾争垂成之功，延命晷刻耳，未必定降。定降，公冒吾围而来受，何物视我？必不汝进！'公曰：'前岁合以重庆存，故力可以同恶，今孙〔系〕孤绝，穷而来归，亦其势然。吾非攘若功者，诚惧汝愤其后服，诬以尝抗跸先朝，利其剽夺，快心于屠地也。吾为国治此民，岂计汝嫌怒为哉！'即单舸济江，薄城下，呼立出降，安集其民"[1]。可见双方对受降争议极大，没有达成共识。东院所言："公冒吾围而来受，何物视我？必不汝进"，明言李德辉的行动没有把东院放在眼里，东院强硬地不许李德辉前往。李德辉看来是突破东院阻挠，单独行动，"单舸济江，薄城下"，可见从兵也被东院阻挡，没能够跟随。由当时情景可以推想，东院其实没有参加受降。吕域《贺志》强调东院同时参加受降，可能一是吕域未前往受降，具体细节不清楚；二是后来吕域向贺仁杰转呈此事时，咬定东院参与默认受降，后又反悔羁押王立，有利于此事的最终裁决上使东院被动。《元史·李德辉传》几乎全袭《李状》，唯删去东院所言最强硬的那几句话（"公冒吾围而来受，何物视我？必不汝进！"）。此前东、西两院达成默契，东院独自围攻钓鱼城，东院的这几句话的确言中了李德辉越境受降的逾权行为，《元史·李德辉传》删去关键的这几句话使整个事件的曲折细节不清。从这点上也可看出，作为《元史·李德辉传》史源的《李状》明显保留更多关键信息。

---

① （元）姚燧：《中书左丞李忠宣公行状》，见《牧庵集》卷三〇，收入《景印文渊阁四库全书》第 1201 册，720～721 页。

东、西院的矛盾一直很明显，至元十二年(1275)李德辉以安西王相第一次抚蜀时就指责东、西院"军政不一，相訾纷纷"①。至元十四年(1277)再围合州，东院希望单独行动："而东川枢府，犹故将也，惩前与西川相观望致败，恶相属，愿独军围合州。"②东院的领军将领是合丹、阇里吉思，蒙哥时代已经从攻钓鱼城，"二人先朝陟方乎此，拔将甘心，故合益负险不下"③。东院与钓鱼城对抗多年，战斗极其残酷，双方将士积怨很深。东院攻城拔寨，志在必得，希望屠城以泄愤，所以要求单独行动。当时，李德辉领西院第二次抚蜀，主要负责粮草供应，看来东院独立行动也是两院达成的共识。

李德辉一直倾向于招抚，第一次抚蜀就曾招降张珏："初公抚蜀，径东川归，以为重庆师阃受围，必征诸属州兵，尽锐拒守，合州宜虚。诚虚，谍人持书晓之，兵随其后，亦制合一奇也。即出合俘系顺庆狱者，纵之使归，语州将张珏"④云云。用兵、劝降，一正一奇，这是李德辉的策略。至元十五年(1278)再围合州时，捕获王立侦卒，李德辉当然不愿放弃这一实施招降策略的机会。从王立

---

① （元）脱脱：《元史·李德辉传》卷一六三，第13册，3817页。

② （元）脱脱：《元史·李德辉传》卷一六三，第13册，3817页。

③ （元）姚燧：《赠恭勤竭力功臣仪同三司太保封雍国公谥忠贞贺公神道碑》，见《牧庵集》卷一七，收入《景印文渊阁四库全书》第1201册，581页。

④ （元）姚燧：《中书左丞李忠宣公行状》，见《牧庵集》卷三〇，收入《景印文渊阁四库全书》第1201册，720页；（元）脱脱：《元史·李德辉传》卷一六三，文字与《行状》基本相同，"十五年，再围重庆，踰月拔之。绍庆、南平、夔、施、思、播诸山壁水栅皆下。而东川枢府，犹故将也，惩前与西川相观望致败，恶相属，愿独军围合州。德辉乃出合俘系顺庆狱者，纵之使归，语州将张珏以天子威德"云云。按《元史·李德辉传》此段文字颇为费解，此时，重庆已破，张珏在押或已亡，李德辉又何以致语张珏约降，对比《行状》，原来《元史》抄录、裁剪《行状》成文时，漏了一个关键的"初"字。《行状》文字很清楚，是在叙述至元十五年再围合州时追述李德辉至元十三年招降张珏之事。《元史》抄录、裁剪《行状》成文时不慎漏掉了一个显示追叙的"初"字，致使其字意含混。

的角度看，重庆已破，钓鱼城孤立无援，前途渺茫，而与东院积怨很深，若被东院攻破，必遭屠城惨祸；所以，李德辉约降，又有安西王教旨保全的承诺，加之熊耳夫人谋划，王立权衡利害，自然愿意接受约降，迈过东院，向西院出降。李德辉越境受降的行为必然被东院视为越权，激起其忿怒，双方矛盾导致王立系狱。

四、系狱与平反

《贺志》记系狱："而东院官复诬奏李公越境邀其功。上怒，遣使就钓鱼诛立者三，王皆止之：立若诛，则钓鱼人皆当为俘虏。王欲陈于上，未行而薨，留立京兆狱，而行院、王相府、枢密院皆莫与之辨。"据此，东院以李德辉越境邀功上奏，同时将王立系狱。东院提出的理由，据《元史》记载是王立"久抗王师，尝指斥宪宗"；且降臣李谅又讼王立曾杀其妻子，有其财物，世祖下诏杀王立。① 东院此时可以上奏李德辉邀功、请诛王立，原因或在于此年四月，"（至元十五年夏四月）甲子，命不花留镇西川，汪惟正率获功蒙古、汉军官及降臣入觐"②，东院将官因平蜀入觐，有机会面圣奏请。而西院不花留镇，李德辉以王相还邸，没有人在朝中说明真相，故东院奏请可以得逞。《贺志》："上怒，遣使就钓鱼诛立者三，王皆止之"，安西王希望保全王立，"王欲陈于上，未行而薨"。又据《元史·赵炳传》，安西王死在至元十五年十一月③，此前数月，王立一直系狱。安西王死后，行院（东院）、安西王相府、枢密院对此莫衷一是，最后不知如何执行。

姚燧《贺公神道碑》记载此事极详："东院械立，奏杀之。时安

---

① （元）脱脱：《元史·世祖本纪七》卷十，第1册，208页。
② （元）脱脱：《元史·世祖本纪七》卷十，第1册，200～201页。
③ （元）脱脱：《元史·赵炳传》卷一六三，第13册，3837页。

西王受诏征莫比，未知合既下也，自军中下教，长安遣燧乘传招之，下则许贷立死，以为安抚使。而诛立敕使先至，其日将醢之，而教亦至。东院以敕、教违，行死生异也。破械出立，而幽之别室。相符（府）、东院各使再请，宥密以帝有成命，不以教闻。会西院遣都事吕端善他事至京，语公其然，公即入闻。帝诘宥密臣曰：'卿辈以杀人为嬉耶？使立生至则已，死则汝其从之。'驿致立，为合之安抚使，（赐）虎符。先师许左相多公力能回天，还而立见，谢曰：'（李公）教治臣于始，贺某活臣于终，惟死以报'"①。姚燧本人也是王立系狱一事的亲历者，见证了许多事情。至元十五年三月，王立以合州钓鱼城降，安西王此时在平定六盘山叛乱的军中，不知合州已降，军中发出宽贷王立的教旨也当在此后不久。姚燧带着教旨前往时，王立已经系狱，而且世祖杀王立的敕旨也到了，敕、教相左，不知如何执行。东院不敢妄动，"（安西王府）破械出立，而幽之别室"。②《贺志》所言："留立京兆狱"，即将王立转到京兆府羁押，说的可能是同一件事，这是《贺志》提供的一个重要信息，王立被转到京兆府而不在东川行枢密院势力范围内羁押，这是他在长达数月的诉讼中，虽有三道敕旨，也没有被借故杀害的关键。也正是因为王立在京兆府狱中，而据《贺志》所记世祖三次下达的敕旨"就钓鱼诛立"，当时王立已经不在钓鱼城，东院虽有敕旨，也无法实施，安西王府却可以便宜行事，争取时间，上报朝廷，为王立申冤。

然而，在王立转到京兆府狱后，十一月，安西王去世，失去面见世祖解释的机会，此事遂僵持不下。东院、安西王相府各自申

① （元）姚燧：《赠恭勤竭力功臣仪同三司太保封雍国公谥忠贞贺公神道碑》，见《牧庵集》卷一七，收入《景印文渊阁四库全书》第 1201 册，581～582 页。

② 此处行文有省略，东院不敢妄动，但"破械出立"并不是东院，推考情势，必当为安西王府的举措。

述，枢密院以"帝有成命"为理由，不上报安西王的教令。时任西院都事的吕域因事至大都，通过贺仁杰上报世祖，世祖得知真相后，痛斥枢密院官员，使王立得以昭雪出狱，官复原职。这时，已经是至元十六年（1279）的正月①。王立从至元十五年三月约降，不久即系狱，至此经历半年多才昭雪出狱。王立入狱其原因主要是东、西院的矛盾，而枢密院没有及时上报安西王教令，致使案件久拖不决。然仍有不可解者，王立三月约降后不久即系狱，安西王十一月去世，其间长达数月，竟然不能上奏世祖解释此事？又世祖最后只是斥责枢密院，对东院的诬告生事只字未提，其中或当有缘故？

关于王立平反，《贺志》记载："时域以西院从事例至都，谋诸先师许公，以为宜言于公。言之公，果奏。上惊悟，召枢密僚属怒之曰：汝等以人命为戏耶？速招立来，立生则已，如死，吾必刑汝辈。立至，授金虎符，位三品。"吕域入京述职，先将此事告知许衡，由许衡告诉贺仁杰，再由贺仁杰上报给元世祖。《元史·贺仁杰传》与此相符："西院从事吕域至都，以兵事告许衡，许衡告仁杰，仁杰为言于帝。"《元史·吕域传》亦同："域适以事至京师，言于许衡，许衡白留守贺仁杰，遂奏释立，赐金虎符，仍旧官。"苏天爵《吕文穆公神道碑铭》："公适以事至京师，言于平章贺公仁杰，贺公入奏，诏即释立，赐金虎符佩之"，反而未提到许衡。联系前文所述，许多细节上都证明《元史·贺仁杰传》《元史·吕域传》或有取于《贺志》。

---

① 《元史·世祖本纪》将王立降元系于至元十六年正月辛酉，其实王立降于至元十五年三月，《本纪》系于至元十六年正月辛酉，这是王立昭雪出狱，觐见世祖的时间。

结　语

今陕西省鄠邑区所出元代吕域《贺仁杰墓志铭》记述了合州钓鱼城王立约降、系狱及最后昭雪等事件，墓主是王立系狱事件成功解决的关键人物，而墓志作者吕域不仅与墓主交往深厚，熟知墓主的行事，而且曾在西川行枢密院任都事，是当时王立约降的主要策划人、时任西川行枢密院副使李德辉的属下。吕域本人也是王立约降的谋划人之一，后来又为蒙冤入狱的王立积极奔走，是王立昭雪出狱的关键人物。由这样的事件亲历者书写的文献，应当是研究王立事件最为翔实可信的史料。另外，为李德辉撰写《行状》、为贺仁杰撰写《赠恭勤竭力功臣仪同三司太保封雍国公谥忠贞贺公神道碑》的姚燧也是王立事件的一个亲历者，他曾亲自传达安西王宽待王立的教令。吕撰《贺仁杰墓志铭》可以与姚撰《行状》《赠恭勤竭力功臣仪同三司太保封雍国公谥忠贞贺公神道碑》相互印证、发明，虽然没有非常重大的发现，但仍可以厘清一些细节。比如，合州侦事卒张合等不是在成都被捕获，而是在潼川府被捕获后押解到成都。又如，李德辉给王立所传安西王教令其实是他以王相身份便宜行事，真正的安西王教令是王立出降后由姚燧带来的。又如，王立后被羁押在京兆府狱中，而不是在合州或重庆东川行枢密院势力范围内。再者，通过碑志材料与《元史》李德辉、贺仁杰的传记对勘，可以发现《元史》传记基本是取自碑志、行状，经过一些简单编辑而成，由于成书仓促，有些地方在剪裁史料时漏掉了关键文字，致使信息不全，文意费解。

附：

图 1　贺仁杰墓志铭并盖①

参考书目

一、古籍

1. （汉）班固：《汉书》，北京，中华书局，1962

2. （唐）魏徵、令狐德棻：《隋书》，北京，中华书局，1973

3. （后晋）刘昫：《旧唐书》，北京，中华书局，1975

4. （宋）毕仲游：《西台集》，见《景印文渊阁四库全书》第1122册，台北，台湾商务印书馆，1983

5. （宋）晁说之：《嵩山文集》，四部丛刊续编本

6. （宋）陈振孙撰：《直斋书录解题》，徐小蛮、顾美华点校，上海，上海古籍出版社，2015

7. （宋）范成大：《揽辔录》，见《全宋笔记》第5编，第7册，郑州，大象出版社，2012

8. （宋）范祖禹：《唐鉴》，上海，上海古籍出版社，1984

9. （宋）洪皓：《松漠纪闻》，见《全宋笔记》第3编，第7册，郑州，大象出版社，2008

10. （宋）韩元吉：《南涧甲乙稿》，见《景印文渊阁四库全书》第1165册，台北，台湾商务印书馆，1983

11. （宋）黄彦平：《三余集》，见《宋集珍本丛刊》第39册，北京，线装书局，2004

12. （宋）家铉翁：《春秋集传详说》，见《景印文渊阁四库全书》第158册，台北，台湾商务印书馆，1983

13. （宋）刘克庄：《后村集》，见《景印文渊阁四库全书》第1180册，台北，台湾商务印书馆，1983

14. （宋）李焘：《续资治通鉴长编》，北京，中华书局，1979—1993

15. （宋）李心传：《建炎以来系年要录》，上海，上海古籍出版社，1992

16. （宋）李心传撰：《建炎以来朝野杂记》，徐规点校，北京，中华书局，2000

17. （宋）李之仪：《姑溪居士后集》，见《景印文渊阁四库全书》第1120册，台北，台湾商务印书馆，1983

18. （宋）楼钥：《攻媿集》，见《景印文

渊阁四库全书》第 1153 册，台北，台湾商务印书馆，1983

19.（宋）彭大雅：《黑鞑事略》，见《全宋笔记》第 7 编，第 2 册，郑州，大象出版社，2016

20.（宋）司马光撰：《涑水记闻》，邓广铭、张希清点校，北京，中华书局，1989

21.（宋）苏颂：《苏魏公文集（附魏公谭训）》，王同策、管成学、颜中其等点校，北京，中华书局，1988

22.（宋）孙逢吉：《职官分纪》，北京，中华书局，1988

23.（宋）沈括撰：《梦溪笔谈》，金良年点校，北京，中华书局，2015

24.（宋）汪藻原著：《靖康要录笺注》，王智勇笺注，成都，四川大学出版社，2008

25.（宋）王珪：《华阳集》，见《景印文渊阁四库全书》第 1093 册，台北，台湾商务印书馆，1983

26.（宋）王钦若等编：《册府元龟》，北京，中华书局，1960

27.（宋）王应麟辑：《玉海》，京都，中文出版社，1986

28.（宋）魏了翁：《鹤山集》，见《景印文渊阁四库全书》第 1173 册，台北，台湾商务印书馆，1983

29.（宋）熊克：《中兴小纪》，见《景印文渊阁四库全书》第 313 册，台北，台湾商务印书馆，1983

30.（宋）徐兢：《宣和奉使高丽图经》，见《全宋笔记》第 3 编，第 8 册，郑州，大象出版社，2008

31.（宋）徐梦莘：《三朝北盟会编》，上海，上海古籍出版社，1987

32.（宋）叶梦得撰：《石林燕语》，宇文绍奕考异，侯忠义点校，北京，中华书局，1984

33.（宋）佚名：《翰苑新书后集》，见《景印文渊阁四库全书》第 949 册，台北，台湾商务印书馆，1983

34.（宋）佚名：《续编两朝纲目备要》，汝企和点校，北京，中华书局，1995

35.（宋）员兴宗：《九华集》，见《宋集珍本丛刊》第 56 册，北京，线装书局，2004

36.（宋）张邦基撰：《墨庄漫录》，孔凡礼点校，北京，中华书局，2002

37.（宋）张端义：《贵耳集》，见《全宋笔记》第 6 编，第 10 册，郑州，大象出版社，2008

38.（宋）赵珙：《蒙鞑备录》，见《全宋笔记》第 7 编，第 2 册，郑州，大象出版社，2016

39.（宋）赵汝愚：《宋朝诸臣奏议》，上海，上海古籍出版社，1999

40.（宋）真德秀：《西山集》，见《景印文渊阁四库全书》第 1174 册，台北，台湾商务印书馆，1983

41.（宋）志磐：《佛祖统纪》，见《大正新修大藏经》第四十九卷史传部一，香港，佛陀教育基金会印赠，1990

42.（宋）周必大：《文忠集》，见《四库提要著录丛书》集部，第 20 册，北京，北京出版社，2010

43.（宋）周必大：《周益公文集》，见《四库提要著录丛书》集部，第 20 册，北京，北京出版社，2010

44.（宋）周必大：《淳熙玉堂杂记》，见《全宋笔记》第 5 编，第 8 册，郑州，大象出版社，2012

45.（宋）周紫芝：《太仓稊米集》，见《景印文渊阁四库全书》第 1141 册，台北，台湾商务印书馆，1983

46.（宋）朱熹：《朱子全书》，上海，上海古籍出版社；合肥，安徽教育出版社，2002

47.（元）陈旅：《安雅堂集》，见《景印文渊阁四库全书》第 1213 册，台北，台湾商务印书馆，1983

48.（元）程端礼：《畏斋集》，见《景印文渊阁四库全书》第 1199 册，台北，台湾商务印书馆，1983

49.（元）程钜夫：《雪楼集》，见《景印文渊阁四库全书》第 1202 册，台北，台湾商务印书馆，1983

50.（元）方回：《桐江集》，见阮元编纂：《宛委别藏》第 105 册，南京，江苏古籍出版社，1998

51.（元）傅若金：《傅与砺文集》，见《四库提要著录丛书》集部，第 256 册，北京，北京出版社，2010

52.（元）黄溍：《黄溍集》，王颋点校，杭州，浙江古籍出版社，2013

53.（元）杨瑀、（元）孔齐撰：《山居新语　至正直记》，李梦生、庄藏、郭群校点，上海，上海古籍出版社，2012

54.（元）刘大彬编：《茅山志》，（明）江永年增补，王岗点校，上海，上海古籍出版社，2016

55.（元）柳贯：《柳贯集》，魏崇武、钟彦飞点校，杭州，浙江古籍出版社，2014

56.（元）马祖常：《石田先生文集》，收入《四库提要著录丛书》集部，第 254 册，北京，北京出版社，2010

57.（元）蒲道源：《顺斋先生闲居丛稿》，见《四库提要著录丛书》集部，第 348 册，北京，北京出版社，2010

58.（元）苏天爵：《滋溪文稿》，陈高华、孟繁清点校，北京，中华书局，1997

59.（元）同恕：《榘菴集》，季梦生校勘，太原，山西古籍出版社，2003

60.（元）脱脱：《辽史》，北京，中华书局，1974

61.（元）脱脱：《金史》，北京，中华书局，1975

62.（元）脱脱：《宋史》，北京，中华书局，1977

63.（元）王士点、商企翁编次：《秘书监志》，高荣盛点校，杭州，浙江古籍出版社，1992

64.（元）危素：《说学斋稿》，见《景印文渊阁四库全书》第 1226 册，台北，台湾商务印书馆，1983

65.（元）许有壬：《至正集》，见《景印文渊阁四库全书》第 1211 册，台北，台湾商务印书馆，1983

66.（元）姚燧：《牧庵集》，见《景印文

渊阁四库全书》第 1201 册，台北，台湾商务印书馆，1983

67.（元）虞集：《道园学古录》，见《景印文渊阁四库全书》第 1207 册，台北，台湾商务印书馆，1983

68.（元）赵孟頫：《赵孟頫集》，钱伟疆点校，杭州，浙江古籍出版社，2012

69.（元）张昱：《可闲老人集》，见《景印文渊阁四库全书》第 1222 册，台北，台湾商务印书馆，1983

70.（元）张养浩：《归田类稿》，见《景印文渊阁四库全书》第 1192 册，台北，台湾商务印书馆，1983

71.（明）曹学佺：《蜀中广记》，见《景印文渊阁四库全书》第 591 册，台北，台湾商务印书馆，1983

72.（明）陈邦瞻：《宋史纪事本末》，北京，中华书局，2015

73.（明）程敏政辑：《新安文献志》，何庆善、于石点校，合肥，黄山书社，2004

74.（明）宋濂等：《元史》，北京，中华书局，1976

75.（明）宋濂：《宋濂全集》，杭州，浙江古籍出版社，2014

76.（明）解缙等：《永乐大典》，北京，中华书局，2000

77.（明）杨慎编：《全蜀艺文志》，刘琳、王晓波点校，北京，线装书局，2003

78.（明）杨士奇编：《历代名臣奏议》，收入《四库提要著录丛书》史部第 90 册，北京，北京出版社，2010

79.（清）卞永誉纂辑：《式古堂书画汇考》，杭州，浙江人民美术出版社，2012

80.（清）黄以周等辑注：《续资治通鉴长编拾补》，顾吉辰点校，北京，中华书局，2004

81.（清）黄虞稷：《千顷堂书目》，见《四库提要著录丛书》史部，第 151 册，北京，北京出版社，2010

82.（清）李光暎：《金石文考略》，见《景印文渊阁四库全书》第 684 册，台北，台湾商务印书馆，1983

83.（清）卢文弨：《常郡八邑艺文志》，光绪十六年刻本

84.（清）莫友芝撰：《宋元旧本书经眼录 持静斋藏书记要》，邱丽玫、李淑燕点校，上海，上海古籍出版社，2009

85.（清）莫友芝：《郘亭书画经眼录》，见张剑、张燕婴整理：《莫友芝全集》第 4 册，北京，中华书局，2017

86.（清）秦蕙田：《五礼通考》，台北，圣环图书股份有限公司，1994

87.（清）阮元主编：《两浙金石志》，杭州，浙江古籍出版社，2012

88.（清）孙诒让撰：《温州经籍志》，潘猛补点校，北京，中华书局，2011

89.（清）汪元纲：《岷州志》，见张羽新主编：《中国西藏及甘青川滇藏区方志汇编》第 26 册，北京，学苑出版社，2003

90.（清）王概：《太岳太和山纪略》，乾隆九年刻本

91.（清）徐松辑：《宋会要辑稿》，北京，中华书局，1957

92.（清）徐松辑：《中兴礼书》，见《续

修四库全书》第 823 册，上海，上海古籍出版社，2002

93.（清）张英：《书经衷论》，见《景印文渊阁四库全书》第 68 册，台北，台湾商务印书馆，1983

94. 陈显远编：《汉中碑石》，西安，三秦出版社，1996

95. 俄罗斯科学院东方研究所圣彼得堡分所、中国社会科学院民族研究所、上海古籍出版社编：《俄藏黑水城文献》第 14 册，上海，上海古籍出版社，2011

96. 高峡主编：《西安碑林全集》，广州，广东经济出版社，深圳，海天出版社，1999

97. 礼县博物馆、礼县老年书画协会编印：《礼县金石集锦》，非正式出版物［无印刷时间，准印证号，甘新 036 字总 092 号(2000)014 号］

98. 李修生主编：《全元文》，南京，江苏古籍出版社，1998

99. 刘兆鹤、吴敏霞编：《户县碑刻》，西安，三秦出版社，2005

100.《清河内传》，见《正统道藏·洞真部·谱录类》第 5 册，台北，新文丰出版公司，1977

101. 史金波、陈育宁主编：《中国藏西夏文献》，兰州，敦煌文艺出版社，2007

102.《宋大诏令集》，北京，中华书局，1962

103.《续修陕西通志稿》，民国二十三年铅印本

104. 阎凤梧主编：《全辽金文》，太原，山西古籍出版社，2002

105. 杨镰主编：《全元诗》，北京，中华书局，2013

106. 曾枣庄、刘琳等主编：《全宋文》，上海，上海辞书出版社，2006

107. 中国文物研究所、陕西省古籍整理办公室编：《新中国出土墓志　陕西（壹）》，西安，文物出版社，2003

二、今人论著

1. ［法］路易·巴赞：《突厥历法研究》，耿昇译，北京，中华书局，1998

2. ［法］雷纳·格鲁塞：《蒙古帝国史》，龚钺译，北京，商务印书馆，2009

3. ［美］巴菲尔德：《危险的边疆：游牧帝国与中国》，袁剑译，南京，江苏人民出版社，2011

4. ［美］丹尼斯·塞诺：《丹尼斯·塞诺内亚研究文选》，北京大学历史系民族史教研室译，北京，中华书局，2006

5. ［美］弗雷德里克·杰克逊·特纳：《边疆在美国历史上的重要性》，见张世明、王济东、牛昽昽主编：《空间、法律与学术话语：西方边疆理论经典文献》，哈尔滨，黑龙江教育出版社，2014

6. ［美］孔飞力：《中国现代国家的起源》，陈兼、陈之宏译，北京，生活·读书·新知三联书店，2013

7. ［美］拉铁摩尔：《中国的亚洲内陆边疆》，唐晓峰译，南京，江苏人民出版社，2008

8. ［美］L.S.斯塔夫里阿诺斯：《全球

通史——1500年以前的世界》，吴象婴、梁赤民译，吴象婴校订，上海，上海社会科学院出版社，1988

9. ［美］乔伊斯·阿普尔比尔、［美］林恩·亨特、［美］玛格丽特·雅各布：《历史的真相》，刘北成、薛绚译，上海，上海人民出版社，2011

10. ［美］司徒琳主编：《世界时间与东亚时间中的明清变迁（上卷）：从明到清时间的重塑》，北京，生活·读书·新知三联书店，2009

11. ［美］斯蒂芬·巴尔·琼斯：《时空背景下的边界概念》，见张世明、王济东、牛㼛㼛主编：《空间、法律与学术话语：西方边疆理论经典文献》，哈尔滨，黑龙江教育出版社，2014

12. ［日］渡边信一郎：《中国古代的王权与天下秩序——从中日比较史的视角出发》，徐冲译，北京，中华书局，2008

13. ［日］杉山正明：《蒙古时代史研究的现状及课题》，见［日］近藤一成主编：《宋元史学的基本问题》，北京，中华书局，2010

14. ［英］安东尼·D. 史密斯：《全球化时代的民族与民族主义》，龚维斌、良警宇译，北京，中央编译出版社，2002

15. ［英］乔治·纳撒尼尔·寇松：《论疆界》，收入张世明、王济东、牛㼛㼛主编：《空间、法律与学术话语：西方边疆理论经典文献》，哈尔滨，黑龙江教育出版社，2014

16. （明）达仓宗巴·班觉桑布：《汉藏史集——贤者喜乐赡部洲明鉴》，陈庆英译，拉萨，西藏人民出版社，1986

17. 蔡东洲：《论南宋同西夏的关系》，见李范文主编，罗矛昆、张迎胜副主编：《首届西夏学国际学术会议论文集》，银川，宁夏人民出版社，1998

18. 曹家齐：《宋代的交通与政治》，北京，中华书局，2017

19. 陈垣：《元西域人华化考》，上海，上海古籍出版社，2008

20. 陈遵妫：《中国天文学史》，上海，上海人民出版社，2006

21. 陈美东：《中国科学技术史·天文学卷》，北京，科学出版社，2003

22. 蔡副全：《陇南金石研究》，北京，社会科学文献出版社，2012

23. 蔡东洲、胡宁：《安丙研究》，成都，巴蜀书社，2004

24. 杜斗城：《敦煌五台山文献校录研究》，太原，山西人民出版社，1991

25. 邓文宽录校：《敦煌天文历法文献辑校》，南京，江苏古籍出版社，1996

26. 冯承钧编译：《西域南海史地考证译丛》第1卷第1编，北京，商务印书馆，1962

27. 傅申：《元代皇室书画收藏史略》，台北，"故宫"博物院，1981

28. 葛兆光：《宅兹中国：重建有关"中国"的历史论述》，北京，中华书局，2011

29. 盖山林：《阴山汪古》，呼和浩特，内蒙古人民出版社，1991

30．何玉红：《南宋川陕边防行政运行体制研究》，上海，上海古籍出版社，2012

31．胡昭曦：《巴蜀历史考察研究》，成都，巴蜀书社，2007

32．江晓原：《天学真原》，沈阳，辽宁教育出版社，1991

33．姜一涵：《元代奎章阁及奎章人物》，台北，联经出版事业公司，1981

34．刘玉权：《西夏时期的瓜、沙二州》，见白滨编：《西夏史论文集》，银川，宁夏人民出版社，1984

35．李华瑞：《宋夏关系史》，石家庄，河北人民出版社，1998

36．李天鸣：《宋元战史》，台北，食货出版社，1988

37．罗新：《中古北族名号研究》，北京，北京大学出版社，2009。

38．罗继祖：《枫窗三录》，大连，大连出版社，2000

39．罗福苌、罗福颐集注：《宋史夏国传集注》，彭向前补注，银川，宁夏人民出版社，2004

40．青岛市史志办公室编：《青岛市志　崂山志》，北京，新华出版社，1999

41．清华大学国学研究院主编，［英］艾伦·麦克法兰主讲：《现代世界的诞生》，刘北成评议，刘东主持，管可秾译，上海，上海人民出版社，2013

42．史金波：《西夏社会》，上海，上海人民出版社，2007

43．王铭铭：《超越"新战国"：吴文藻、费孝通的中华民族理论》，北京，生活·读书·新知三联书店，2012

44．吴天墀：《吴天墀文史存稿》，成都，四川大学出版社，1998

45．吴天墀：《西夏史稿》，桂林，广西师范大学出版社，2006

46．王曾瑜：《宋朝军制初探》（增订本），北京，中华书局，2011

47．王力：《汉语史稿》，北京，中华书局，2004

48．汪晖：《现代中国思想的兴起（上卷第二部）：帝国与国家》，北京，生活·读书·新知三联书店，2004

49．武当山志编纂委员会编：《武当山志》，北京，新华出版社，1994

50．许倬云：《我者与他者：中国历史上的内外分际》，北京，生活·读书·新知三联书店，2010

51．许宏：《何以中国——公元前2000年的中原图景》，北京，生活·读书·新知三联书店，2014

52．萧启庆：《内北国而外中国：蒙元史研究》，北京，中华书局，2007

53．萧启庆：《九州四海风雅同：元代多族士人圈的形成与发展》，台北，"中央"研究院、联经出版事业股份有限公司，2012

54．姚大力：《读史的智慧》，上海，复旦大学出版社，2016

55．姚从吾：《宋蒙钓鱼城战役中熊耳夫人家世及王立与合州获得保全考》，见中华书局编辑部：《中研院历史语言研究所集刊论文类编：历史编·宋辽金元卷》，北

京，中华书局，2009

56. 杨富学、陈爱峰：《西夏与周边关系研究》，兰州，甘肃民族出版社，2012

57. 杨倩描：《吴家将》，保定，河北大学出版社，1996

58. 杨耐思：《中原音韵音系》，北京，中国社会科学出版社，1981

59. 曾瑞龙：《拓边西北——北宋中后期对夏战争研究》，香港，中华书局（香港）有限公司，2006

60. 张顿仁、陈光兴、高士明主编：《民族主义，真诚与欺骗：阿希斯·南迪读本》，卢隽婷、彭嫣菡译，上海，上海人民出版社，2013

61. 张星烺：《中西交通史料汇编》第1册，北京，中华书局，1977

62. 赵汀阳：《天下体系：世界制度哲学导论》，南京，江苏教育出版社，2005

63. 钟焓：《民族学视野下的古代蒙古人传说——读乌瑞夫人蒙古学论著札记》，见姚大力、刘迎胜主编：《清华元史》第2辑，北京，商务印书馆，2013

64. 周清澍：《汪古部事辑》，见中国蒙古史学会编：《中国蒙古史学会成立大会纪念集刊》，1979，后收入周清澍：《元蒙史札》，呼和浩特，内蒙古大学出版社，2001

65. 周良霄：《元和元以前中国的基督教》，见元史研究会编：《元史论丛》第1辑，北京，中华书局，1982

66. Evelyn S. Rawski, *The Last Emperors: A Social History of Qing Emperial Institutions*, Berkeley, University of California Press, 2001

三、论文

1. ［日］樱井益雄：《汪古部族考》，潘世宪译，载《东方学报》（东京），第6册，1936

2. ［日］佐伯好郎：《再论百灵庙附近的景教遗迹》，见《东方学报》（东京），第11册，译文见内蒙古自治区文物工作队编：《文物考古参考资料》，第1册，北京，文物出版社，1979

3. ［日］佐伯好郎：《内蒙古百灵庙附近的景教墓石》，载《东方学报》（东京），第9册，1939，译文见内蒙古大学蒙古史研究室编《蒙古史研究参考资料》新编第14辑，1980

4. ［苏联］H. 茹科夫斯卡娅：《蒙古人的空间观和时间观研究（续）》，树华摘译，载《蒙古学资料与情报》，1991(4)

5. ［苏联］H. Л. 茹科夫斯卡娅：《蒙古历法研究》，竺林译，载《蒙古学资料与情报》，1990(2)

6. 阿尔丁夫：《13世纪之前蒙古物候历考》，载《内蒙古师范大学学报（哲学社会科学版）》，2013(2)

7. 白滨：《啰兀筑城考》，载《宁夏社会科学》，1986(3)

8. 陈启生：《礼店文州元帅府考述》，载《西北师大学报（社会科学版）》，1994(3)

9. 杜正胜：《中国古代社会多元性与一统化的激荡——特从政治与文化的交涉

论》，载《新史学》，第 11 卷，第 2 期，2000

10. 邓文宽：《〈金天会十三年乙卯岁（1135 年）历日〉疏证》，载《文物》，2004（10）

11. 郭丽萍：《西北界务谈判与西方地图使用——以光绪年间两次中俄西北界务谈判为中心》，载《山西大学师范学院学报》，2002（2）

12. 顾吉辰：《宋—西夏交聘考》，载《固原师专学报（社会科学版）》，1986（3）

13. 高建国：《北宋〈折克柔墓志铭〉考释》，载《河北大学学报（哲学社会科学版）》，2013（2）

14. 高智慧、武沐：《〈岷州卫建城碑文〉与岷县〈二郎山铜钟铭文〉考论》，载《青海民族大学学报（社会科学版）》，2011（2）

15. 盖山林：《元"耶律公神道之碑"考》，载《内蒙古社会科学（汉文版）》，1981（1）

16. 盖山林：《中国北方草原地带的元代基督教遗迹》，载《世界宗教研究》，1995（3）

17. 黄宽重：《"嘉定现象"的研究议题与资料》，载《中国研究》，2013（2）

18. 黄兴涛：《清代满人的"中国认同"》，载《清史研究》，2011（1）

19. 黄纯艳：《"藩服自有格式"：外交文书所见宋朝与周边诸国的双向认识》，载《学术月刊》，2008（8）

20. 何玉红：《南宋陕西籍武将群体述论》，载《西北师大学报（社会科学版）》，2009（5）

21. 何兆吉：《雍古马氏家族渊源考略》，载《西北第二民族学院学报（哲学社会科学版）》，1993（2）

22. 胡小鹏：《元巩昌汪氏非汪古族考》，载《西北大学报（社会科学版）》，1994（6）

23. 化一：《元代政治家赵世延》，载《西南民族学院学报（哲学社会科学版）》，1982（3）

24. 刘浦江：《德运之争与辽金王朝的正统性问题》，载《中国社会科学》，2004（2）

25. 刘建丽：《略论西夏与金朝的关系》，载《宁夏社会科学》，2005（3）

26. 李克郁：《土族赵土司族系考》，载《青海民族学院学报（社会科学版）》，2002（1）

27. 李俊义、庞昊、孙再宜：《元代〈全宁路新建儒学记〉考释》，载《北方文物》，2008（1）

28. 雷晓光：《绵竹县紫岩书院》，载《四川文物》，1988（3）

29. 孟古托力：《女真及其金朝与高丽关系中几个问题考论》，载《满语研究》，2000（1）

30. 邱树森：《元代基督教在蒙古克烈、乃蛮、汪古地区的传播》，载《内蒙古社会科学（汉文版）》，2002（2）

31. 孙建民、顾宏义：《宋朝高丽交聘考》，载《信阳师范学院学报（哲学社会科学版）》，1997（1）

32. 熊赖虎：《时间观与法律》，载《中

外法学》，2011(4)

33. 汪受宽：《巩昌汪氏的族属及其与徽州汪氏的通谱》，载《民族研究》，2006(3)

34. 姚大力：《谁来决定我们是谁——关于中国民族史研究的三把钥匙》(上、中、下)，载《东方早报·上海书评》，2011-03-20、2011-03-27、2011-04-03

35. 尤西林：《现代性与时间》，载《学术月刊》，2003(8)

36. 赵永春：《试论金人的"中国观"》，载《中国边疆史地研究》，2009(4)

37. 赵永春：《试论辽人的"中国"观》，载《文史哲》，2010(3)

38. 赵永春：《关于宋金交聘"国书"的斗争》，载《北方文物》，1992(2)

39. 赵永春：《宋金关于"受书礼"的斗争》，载《民族研究》，1993(6)

40. 周立志：《宋金交聘的新文献〈使金复命表〉研究》，载《北方文物》，2013(1)

41. 周清澍：《敖伦苏木古城的若干问题》，载《内蒙古大学学报(哲学社会科学版)》，2014(3)

42. 周良霄：《沽源南沟村元墓与阔里吉思考》，载《考古与文物》，2011(4)

43. 赵琦：《河北省沽源县"梳妆楼"元蒙古贵族墓墓主考》，载《中国史研究》，2003(2)

44. Atwood P. Christopher，"Historiography and Transformation of Ethnic Identity in the Mongol Empire：The Öng'üt Case,"*Asian Ethnicity*，vol. 15，2014(4)，pp. 514-534

45. Peter K. Bol，"Seeking Common Ground：Han Literati under Jurchen Rule,"*Harvard Journal of Asiatic Studies*，47：2，1987

四、会议讲座

1. ［德］阿莱达·阿斯曼：《现代时间管理机制的兴起与衰落》，成都，四川大学演讲，2015-12-04

2. ［美］杜赞奇：《不平衡发展与多民族国家：二十世纪的中国与现代世界》，成都，四川大学演讲，2010-10-10

3. 聂鸿音：《回归考据学：21世纪西夏文献研究新动向》，成都，四川大学名师讲堂，2012-11-21

4. 王东杰：《"边疆热点地区城市民族关系与发展态势研究会议"发言》，喀什，2012-08-18

后　记

　　我的专业方向是宋史。多年以来，我一直希望用一种更广阔的视野观察 10—13 世纪宋、辽、夏、金、蒙古的多元文化与多边互动，理解第二个千年中塑造中国的复杂合力。统一的大唐帝国崩溃以后，在帝国旧疆之内各民族政权纷纭而起，迭代而兴，相互对峙，各政权既有其自身特点，但在文化与政治观念上又共享了许多汉唐以降的传统。这些共享的传统为重新整合统一帝国提供了资源。如果要构筑一个中国近世的原点，那么许多问题的追溯可能都会集中到第二个千年的统一帝国，这些包容性极强的帝国是由 10—13 世纪族群互动的复杂合力磨合出来的，为中国奠定了基本的社会政治、思想文化格局，直到 20 世纪前期，这种大格局在根本性的方面基本没有改变。胡适曾主张中国的现代阶段是从 1000 年的宋开始的，我们可以进一步讲，10—13 世纪族群互动、交融形成的帝国是现代中国的开端。

　　理解这样的历史进程需要时间和空间的跨度，如果仅从某一政权或某一断代（比如宋代）的角度，很难对这个时代做出准确的判读。所以，学界已经认识到这个问题，很早就倡导"大宋史""贯通宋元"的研究路径。从学生时代起，我就为这些激动人心的口号而振奋。然而，随着在学术研究道路上的深入，我越来越发现凭自己的禀赋和学识，离这样的目标差距尚远。于是，目标变成了憧憬。既然是憧憬，也就自我减压，凭兴趣，走到哪里算哪里，能走多远算多远。憧憬裹挟着兴趣，我自然而然地对民族交融的新史料充满热情，对展现多边互动的新视角满怀信心，但也苦恼于不能把这些"散点"突破整合成更具贯通性的叙述、普遍性的结论。有时我也自我安慰，或许根本没有这种想象的贯通性、普遍性，对具体事件的描述本身已经可以透视时代的丰富内涵。但这毕竟不能从内心深处说服自己，我还是觉得每个时代都存在可以感知和表达的贯通性、普遍性，当然不一定就是现在热衷讨论的"认同""身份""性别""建构"等概念。这不是说自己就很高明，超凡脱俗，其实这些概念我的文章中也在使用。道理很简单，浩繁的史料总得找一条"线索"穿起来成文，最偷懒的办法就是把这些"政治正确"的概念抓过来就用，连缀成文，看起来似乎还颇有"问题意识"。老实讲，我是未能免俗，但一边使用，一边深表怀疑。我还是希望能表达出植根于本土，且符合时代语境的历史经验。

探寻时代的肌理不能从概念出发，毕竟第二个千年留存下来的史料，其内容的丰富和体量的巨大，如果选精集萃地使用，可以"支撑"很多奇葩的论调。历史研究中如何发现时代、地域、民族本身固有特性？师友的教诲让人受益匪浅。阅读刘复生老师的著作给我带来巨大启示，刘复生先生是宋史名家，又在民族史特别是西南民族史方面卓有建树。先生的著作建立在穷尽材料的基础上，极具反省性的史料辨析，清晰剖判族群的分合、迁徙、流变，在我看来一团乱麻的西南民族史，先生叙述得条分缕析，而且一个民族的文化特性也在这种叙述中被清楚表达。对民族史的兴趣，以及民族史的基本研究方法和套路，我都是受到刘复生老师的熏陶和教诲，一直对他高明的民族史料辨析、运用功夫，调动语言学、人类学等多种手段探寻民族文化的能力充满敬意。王东杰教授经常提醒我不要相信那些宏大叙事和现成概念，这使我坚定从个案、从细节去深描一个时代的厚度和气息。《学术月刊》的周奇先生多年一贯主持"边疆中国"论坛，至今(2018)已经举办六届，他认为"基于不同历史和语境的边疆族群历史和经验，需要改变那种将来自西方的理论简单直接地套用到东方各国历史与现实的状况"，致力于推动探索一套出自中国历史经验的本土学术表达。在这个论坛平台上，思想碰撞和交锋深化了问题的讨论，也令大家受益，本书的许多部分都在参加论坛时得到极好的修改意见。陕西师范大学黄达远教授不断提供西北边疆民族地区实地考察的机会，很多问题和思考就是在调查中萌生的，而且没有达远兄热情的催促和鞭策，好多文章可能至今恐怕还是头脑里的想法。北京师范大学出版社谭徐锋先生宽忍我的"拖拉无序"，促成本书出版，而他在网上读书平台上富有影响力的推介和谬奖，使我感到惶恐和压力。正是多年以来师友间同气相求，往复探讨，热情鼓励，才使得散漫而又虚无缥缈的憧憬、兴趣得以"聚焦"，变为文字，虽然不完善，但毕竟有了一个可供批评的文本。真诚感谢师友们的教诲砥砺和鞭策鼓励。

教学相长，在与同学们的日常讨论中，我对认识问题的角度得以丰富。王立博士及刘益民、秦光永、李飞、卢振涛、胡东东、徐阳等同学在史料覆核和纠正错别字上做了不少工作，对本书的完善起到很大作用，一并致以感谢。

感谢豆瓣网友 milanpirlo、维舟指出的文字错误。

2020 年 10 月增印修订再记

图书在版编目（CIP）数据

完整的天下经验：宋辽夏金元之间的互动/韦兵著. —北京：北京师范大学出版社，2019.5（2020.10 重印）
（中华学人丛书）
ISBN 978-7-303-24139-2

Ⅰ. ①完… Ⅱ. ①韦… Ⅲ. ①中国历史－研究－辽宋金元时代②中国历史－研究－西夏 Ⅳ. ①K240.7

中国版本图书馆 CIP 数据核字（2018）第 192931 号

营　销　中　心　电　话　010-58805072 58807651
北京师范大学出版社谭徐锋工作室　http://xueda.bnup.com

WANZHENG DE TIANXIA JINGYAN
出版发行：北京师范大学出版社 www.bnup.com
　　　　　北京市西城区新街口外大街 12-3 号
　　　　　邮政编码：100088
印　　刷：北京京师印务有限公司
经　　销：全国新华书店
开　　本：730 mm ×980 mm　1/16
印　　张：12.75
字　　数：210 千字
版　　次：2019 年 5 月第 1 版
印　　次：2020 年 10 月第 2 次印刷
定　　价：58.00 元

策划编辑：谭徐锋　　　　责任编辑：赵嫒嫒　姚安峰
美术编辑：王齐云　　　　装帧设计：王齐云
责任校对：李云虎　　　　责任印制：马　洁